유럽에서 클래식을 만나다

일러두기

이 책에 나오는 외국어의 한글 표기는 저자의 요청에 의해 각 나라 현지발음을 존중하여 가능한 한 원음에 가깝게 표기했다.

예) Puccini[풋치니], Gianni Schicchi[잔니 스킥키], Vasari[바자리], Zigeunerweisen[찌고이너바이젠] 등

다만, 외래어처럼 이미 굳어진 경우는 독자들의 이해를 위해 예외로 했다.

유럽에서 클래식을 만나다

음악과 함께 떠나는 유럽 문화 여행

글·사진 정태남

21세기북스

머리말

클래식 음악이 있는
유럽 여행

유럽은 아름다운 경관과 다양한 문화와 역사가 서로 엮여져 한 군데에 집중되어 있는 매력적인 곳입니다. 사실 이런 지역은 지구상 어디에도 없습니다. 그래서 시공을 초월하여 수많은 사람들이 유럽 여행을 꿈꾸고 있습니다.

　　여행을 무척이나 좋아하는 나는 30년 동안 이탈리아 로마에 살면서 이러한 유럽을 구석구석 수도 없이 돌아다녔습니다. 그래서인지, "유럽에서 어느 곳을 가장 좋아하세요?"라는 질문을 자주 받습니다. 그런데 질문에 답하기 전 잠시 멈칫해집니다. 좋아하는 곳이 워낙 많기 때문입니다. 그래도 선호하는 곳을 손꼽으라면 일단 음악과 관련이 있는 장소들부터 먼저 언급하게 됩니다. 물론 이것은 음악을 무척 사랑하는 나의 개인적인 취향 때문이지요.

내가 클래식 음악에 깊게 빠지게 된 것은 고교시절에 라디오에서 흘러나오는 〈알함브라의 추억〉에 매료되어 클래식기타를 시작하면서부터였습니다. 나는 이 곡을 연주할 때마다 알함브라 궁전을 마음속에 그리며 유럽을 동경하곤 했습니다. 사실, 대학 입시 공부에 찌들었던 시절, 잠시나마 음악을 접하면서 먼 나라를 동경하는 것처럼 나의 마음을 풍요롭게 한 것은 없었습니다. 이러한 연유인지는 모르지만, 그 후 내가 여행하고 싶은 곳은 주로 음악과 관련이 있는 장소에 집중되었고, 또 내가 선호하는 음악은 특정한 장소에 관련된 곡에 주로 집중되었습니다. 사실 음악이 태어난 지리적 환경과 문화적 배경을 알고 나면 그 현장이 아주 새롭게 보이고, 또 음악도 아주 새롭게 들립니다. 가눌 수 없는 이러한 호기심과 동경 때문에 지금도 나는 카메라를 메고 훌쩍 떠나곤 합니다.

이제, 오랫동안 동경하던 곳을 직접 가보고 그곳에서 체험한 이야기들을 선별 정리하여 한 권의 책에 담았습니다. 그러니까 이 책은 여행에 관한 것이지만 여행정보 서적은 아니며, 또 음악에 관한 것이지만 음악해설서나 명반해설서는 아닙니다. 또 내가 건축가라고 해서 이 책에서 음악과 건축과의 관계에 대한 학술적인 이야기를 하려는 것도 아닙니다. 이 책에서 나는 오로지 유럽 여행을 꿈꾸고 또 음악을 가까이하는 독자들과 함께 여행과 음악이 주는 삶의 기쁨과 앎의 기쁨을 나누려고 할 뿐입니다.

유럽 10개국, 20개 도시, 30개 명소와 음악!

이 책에서는 다음과 같이 유럽 10개 국 20개 도시(그중 서너 곳은 마을이라고 해야겠지만)를 골랐는데, 이 도시들은 몇몇 곳을 제외하고는 대부분 누구에게나 잘 알려진 곳입니다.

    이탈리아 – 로마, 피렌체, 베네치아
    스페인 – 마드리드, 그라나다, 팔마 데 마요르카
    프랑스 – 파리, 베르사유, 생장드뤼즈
    오스트리아 – 빈, 힌터브륄, 오번도르프
    독일 – 뤼벡, 슈반가우
    영국 – 런던
    스위스 – 루체른
    체코 – 프라하
    헝가리 – 부다페스트
    핀란드 – 헬싱키

그리고 이 20개 도시에서 30개의 특정한 장소를 골라, 그곳과 직접 연관된 음악 또는 그곳에서 연상해보고 싶은 명곡을 30개 선정했는데, 이 곡들도 몇 개를 제외하고는 대부분 우리에게 잘 알려진 것들입니다.

이렇게 고른 30개의 장소와 음악을 주제에 따라 6부로 나누어 구성하면서 그동안 여러 매체에 쓴 글들도 일부 다시 정리하여 첨가했습니다. 원고와 사진을 모두 정리하고 나서 보니 30년 동안 유럽에서 보고 느낀 이야기를 한 권의 책에 모두 담지 못해 아쉬운 마음이 듭니다. 하지만 지금 못한 이야기들은 다음 기회를 통하여 여러분들과 만날 수 있으리라 믿습니다. '좋은 여행이란 한꺼번에 모두 해버리는 것이 아니라 조금씩 미련을 남겨두고 하는 것'이란 말이 있듯이.

2011년 1월, 로마에서
정태남

리스트의 빌라데스테의 분수에 의한 환상 | 50x70cm, oil on canvas, 정태남

1.
유럽의 궁전과 성에서

탄식하며 뒤돌아보던 '잃어버린 천국'
스페인 | 그라나다 | 알함브라   타레가 | 〈알함브라의 추억〉 _ **014**

태양왕을 움직인 음악가의 마지막 고백
프랑스 | 베르사유 | 베르사유궁전   륄리 | 테 데움 _ **028**

사라져 버린 두 개의 별을 추억하며
오스트리아 | 빈 | 쇤브룬 궁전
모차르트 | '아, 어머니께 말씀드릴게요' 주제에 의한 12개의 변주곡 C장조 K. 265 _ **042**

테베레 강 따라 흐르는 두 연인의 절규
이탈리아 | 로마 | 거룩한 천사의 성   푸치니 | 오페라 《토스카》 중에서 〈별은 빛나건만〉 _ **058**

백조의 노래를 남기고 떠난 동화 속의 왕
독일 | 슈반가우 | 노이슈반슈타인 성   바그너 | 오페라 《로엔그린》 중에서 〈결혼행진곡〉 _ **072**

2.
유럽의 다리 위에서

아르노 강물따라 흐르는 애절한 선율
이탈리아 | 피렌체 | 폰테 벡키오
푸치니 | 오페라 《잔니 스킥키》 중 〈오, 사랑하는 나의 아버지〉 _ **090**

음악이 흐르는 템즈 강의 뱃놀이와 숫자놀이
영국 | 런던 | 밀레니엄 브리지   헨델 | 수상음악 _ **102**

루체른 호수 위에 어리는 불멸의 선율
스위스 | 루체른 | 카펠브뤼케   베토벤 | 피아노 소나타 27번 〈월광〉 중에서 1악장 _ **114**

도나우 강의 진주를 위한 행진곡
헝가리 | 부다페스트 | 세체니 다리
리스트 | 헝가리 광시곡 중에서 15번 〈라코치 행진곡〉 _ **126**

블타바 강변에 퍼지는 5월의 봄향기
체코 | 프라하 | 카를 다리   스메타나 | 《나의 조국》 중에서 〈블타바 강〉 _ **140**

3.
유럽의 정원과 공원에서

검은 사제복의 영원한 여행자
이탈리아 | 티볼리 | 빌라 데스테
리스트 | 《순례의 해》 제3집 중에서 〈빌라 데스테의 분수〉 _ **156**

어둠이 깃든 명상의 공간에서 울리는 물소리
스페인 | 그라나다 | 헤네랄리페   파야 | 《스페인 정원의 밤》 중에서 〈헤네랄리페에서〉 _ **168**

재앙이 될 뻔했던 평화의 음악축제
영국 | 런던 | 그린 파크   헨델 | 왕궁의 불꽃놀이 음악 _ **182**

오, 아름다운 아침이여, 밤의 장막은 걷히었도다
핀란드 | 헬싱키 | 시벨리우스 공원   시벨리우스 | 〈핀란디아〉 _ **194**

4.
유럽의 안식의 집에서

지중해의 '동해물과 백두산이…'
스페인 | 팔마 데 마요르카 | 안익태 유택 안익태 | 〈애국가〉 _ **218**

바스크 지방 해안에서 들려오는 볼레로
프랑스 | 생장드뤼즈&시부르 | 라벨 생가 라벨 | 볼레로 _ **234**

자연 속에서 삶의 기쁨을 노래하노라
오스트리아 | 빈 | 하일리겐슈타트 베토벤하우스 | 베토벤 | 교향곡 6번 〈전원〉 _ **246**

벗이여, 안식을 찾아 이곳으로 오라
오스트리아 | 힌터브륄 | 횔드리히스뮐레 | 슈베르트 | 《겨울여행》 중에서 〈보리수〉 _ **260**

5.
유럽의 길에서

에펠탑이 보이는 거리를 무심코 걷다
프랑스 | 파리 | 파리의 거리 | 거슈윈 | 〈파리의 미국인〉 _ **278**

남국의 밤거리에 흐르는 경쾌한 행진곡
스페인 | 마드리드 | 마드리드의 거리
보케리니 | 현악5중주 《마드리드 거리의 밤 음악》 Op. 30 No. 6(G. 324) _ **290**

폐허의 도로에서 회고하는 로마의 영광
이탈리아 | 로마 | 비아 아피아
레스피기 | 《로마의 소나무》 중에서 〈비아 아피아의 소나무〉 _ **302**

흥청망청하는 '로마로 통하는 길'
이탈리아 | 로마 | 비아 델 코르소
베를리오즈 | 〈로마의 카니발, 오케스트라를 위한 서곡〉_ **314**

천재의 죽음을 애도하는 크리스마스 불빛
오스트리아 | 빈 | 캐른트너 슈트라세 모차르트 | 레퀴엠 _ **328**

6.
유럽의 성전에서

발트해로 울려 퍼지는 웅장한 오르간 음향
독일 | 뤼벡 | 성모 마리아 교회 바흐 | 〈토카타와 푸가 d단조 BWV565〉_ **344**

화려한 대성당에서 우아한 슬픔을……
이탈리아 | 베네치아 | 산마르코대성당 알비노니-자콧토 | 〈알비노니 아다지오〉_ **360**

아드리아 해에 녹아든 밝고 찬란한 선율
이탈리아 | 베네치아 | 비발디 성당 비발디 | 《사계》_ **374**

'준비된 음악가'에게 미소 지은 행운의 여신
이탈리아 | 로마 | 베드로대성당 팔레스트리나 | 〈교황 마르첼루스 미사곡〉_ **390**

'작고 미천한 자'의 발자취를 따라서
이탈리아 | 로마 | 바울 대성당 멘델스존 | 오라토리오 《사도 바울》_ **404**

우리의 영혼을 저 높은 곳으로
이탈리아 | 로마 | 산타 체칠리아 성당
구노 | 《산타 체칠리아 장엄미사》 중에서 〈상크투스〉_ **418**

마음과 영혼을 따스하게 하는 불멸의 크리스마스 선물
오스트리아 | 오번도르프 | 고요한 밤 경당 그루버 | 〈고요한 밤, 거룩한 밤〉_ **432**

1
유럽의
궁전과 성에서

스페인 | 그라나다 | 알함브라 궁전
타레가 | 〈알함브라의 추억〉

프랑스 | 베르사유 | 베르사유궁전
륄리 | 테 데움

오스트리아 | 빈 | 쇤브룬 궁전
모차르트 | '아, 어머니께 말씀드릴게요' 주제에 의한
12개의 변주곡 C장조 K. 265

이탈리아 | 로마 | 거룩한 천사의 성
푸치니 | 오페라 《토스카》 중에서 〈별은 빛나건만〉

독일 | 슈반가우 | 노이슈반슈타인 성
바그너 | 오페라 《로엔그린》 중에서
〈결혼행진곡〉

■ 스페인 | 그라나다 | 알함브라 궁전
타레가(1852 – 1909) | 〈알함브라의 추억〉

탄식하며 뒤돌아보던
'잃어버린 천국'

남국의 눈부신 햇빛이 쏟아지는 안달루시아의 그라나다. 이 도시의 중심에 있는 광장 플라사 누에바 Plaza Nueva 한가운데에 섰다. 이 광장은 알함브라로 올라가는 길목과 그라나다의 옛 시가지인 알바이신 지역으로 올라가는 길목에 있다. 강렬한 태양 아래 땅은 바싹 마르고 광장에 늘어진 내 그림자는 몹시 진하다.

어디선가 성당의 종소리가 들려온다. 마치 축제일의 종처럼, 아니 승리를 찬양하는 듯한 환희의 종소리처럼……. 종소리가 사라져도 내 머릿속에는 길게 여운이 남는다. 그리고 어디선가 집시의 절규하는 듯한 노랫소리가 겹쳐진다.

고개를 드니 수백 년의 전설을 간직한 채 우뚝 솟은 알함브라 성채가 보인다. 성채의 탑 위에는 정복자들이 꽂아 놓은 듯한

알함브라 성 '사자의 파티오'의 섬세한 기둥들

깃발들이 작열하는 태양 아래 축 늘어져 있다.

플라사 누에바에는 알함브라 성 입구 매표소까지 올라가는 조그맣고 빨간 셔틀버스가 있다. 버스로 가기에는 가까운 거리 같아서 좁은 길 쿠에스타 데 고메레스Cuesta de Gomerez를 따라 알함브라로 걸어 올라간다. 허름한 호텔들과 기념품 가게들, 기타 제작소 등을 지나 울창한 나무들이 우거진 숲길로 들어선다. 새들의 노랫소리와 물 흐르는 소리가 들려온다. 이미 다른 세계에 들어와 있다는 느낌이 든다.

〈알함브라 이야기Tales from Alhambra〉를 쓴 미국 외교관 워싱턴 어빙Washington Irving; 1783-1859도 석 달 동안 그라나다에 머문 적이 있다. 그도 이 길을 순례자와 같은 마음으로 지났으리라. 성채 입구로 향하는 산길을 따라 오르는데 귀에 익은 기타 선율이 가냘프게 들려온다. 〈알함브라의 추억〉이다. 사람들이 보이지 않는 곳에서 연주하고 있는 것으로 보아 관광객을 상대로 돈을 벌려는 것은 아닌 것 같고 아마 이곳에서 솟아오르는 벅찬 감정을 가눌 수 없었던 모양이다. 산길을 계속 오른다. 멀어지는 기타소리는 새소리와 물 흐르는 소리에 파묻히지만 멜로디는 계속 나의 귓전에 맴돈다. 기타는 음량이 작은 악기이다. 하지만 그 소리만큼은 뇌리에 깊이 남는다.

알함브라 성채의 탑 위로 휘날리는 깃발들

이슬람 세력의 마지막 보루

알함브라는 군사용 요새 알카사르Alcazar, 나스르Nasr 왕궁, 카를로스 5세 궁전, 왕의 여름별장 헤네랄리페로 이루어져 있는데, 유독 나스르 왕궁 안에 들어갈 때는 30분마다 지정한 시간에만 입장이 가능하다. 규모가 그리 크지 않고 성채의 백미인 궁전을 잘 보존하기 위해 관광객의 수를 적절히 분배하는 것이다. 카를로스 5세 궁전을 제외하고 13세기에서 14세기에 걸쳐 세워진 알함브라는 이베리아 반도에서 이슬람 문화의 정수를 보여 주는 건축물이다.

먼저 이베리아 반도의 역사를 간단히 돌아보자. 로마제국의 속주였던 이베리아 반도에서는 로마제국 말기에 다른 종족들이 들어와 지배자로서 주도권을 잡게 되었다. 즉 게르만족의 일파인 서고트족이 들어와 왕국을 세웠다가, 711년에는 다시 남쪽으로부터 이슬람 세력이 침입해 불과 몇 년 만에 이베리아 반도를 석권하다시피 했다. 한편 북쪽으로 쫓겨났던 이베리아 반도 주민들은 그곳에서 여러 개의 작은 왕국들을 건설하고는 이슬람 세력을 이베리아 반도에서 완전히 몰아내기 위해 길고 긴 레콩키스타Reconquista, '국토회복' 전쟁에 돌입했다. 마침내 1492년 1월, 페르디난도 왕과 이사벨 여왕은 끝까지 버티던 그라나다를 함락함으로써 국토회복전쟁을 마무리지었다. 알함브라는 이베리아 반도에 있던 이슬람 세력의 마지막 보루였던 것이다.

최후의 날이 점점 다가올수록 알함브라는 오히려 더 찬란하게 완성되고 있었다. 기독교 승리자에게 '이슬람 건축 예술의 정수는 바로 이런 것이다'라고 보여주려는 듯이.

'알함브라'라는 말은 원래 '붉은 것'이란 뜻의 아랍어 '알-함라Al-Hamra'로 불그스름한 외관에서 그 이름이 유래되지 않았나 추측한다. 한편 스페인 사람들은 아랍어 발음을 편히 하기 위해 b를 첨가해서 '알-암브라' 또는 '알람브라'라고 한다(스페인어, 포르투갈어, 이탈리아어, 프랑스어 등 라틴계 언어에서 h는 묵음이다). 나는 만나는 스페인 사람들에게 '알함브라'라고 발음해 보길 권유한다. 이 발음이 더 원음에 가깝기도 하거니와 더 신비스럽게 느껴지기 때문이다.

섬세한 여성적 건축

알함브라 성에서는 단연 나스르Nasr 왕궁이 압권이다. 육중한 성채의 외부 인상과는 달리 내부 궁전들은 과시하려고 지은 건물이 아니기에 오히려 친밀한 느낌을 준다. 한편 카를로스 5세의 궁전은 이슬람 건축과는 전혀 관계없는 르네상스식 건축이다. 건축 자체로는 나름대로 훌륭하지만 이곳 분위기와는 전혀 맞지 않고 기존의 이슬람 건축을 짓누르는 듯한 느낌을 준다. 그러나 알바

알바이신 언덕에서 본 알함브라.
멀리 시에라네바다산맥 정상에 만년설이 쌓여 있다.

이신 언덕에서 봤을 때는 전체적으로 균형을 이루는 일체감을 보인다. 이를테면 카를로스 5세 궁전이 우람하고 남성적인 건축이라면, 알함브라 궁전은 섬세하고 여성적인 건축이라고나 할까.

알함브라에서 가장 핵심을 이루는 곳은 '사자의 파티오 Patio de Leones, 파티오는 스페인식 안뜰'이다. 파티오를 둘러싸고 있는 방들은 술탄의 하렘이 있었던 사적 공간이었으니 이곳은 알함브라에서 가장 은밀하고 신비스러운 공간인 셈이다.

파티오 한가운데에 있는 사자의 분수에 시선이 고정된다. 분수대를 받치고 있는 열두 마리의 사자는 사뭇 이색적이다. 조각으로서도 그리 사실적이지 않고 용맹도 전혀 느낄 수 없다. 이곳의 사자는 오히려 어수룩하고 친근해 보인다. 그리고 분수에서 솟아나 떨어지는 물소리는 이 은밀한 공간을 조용히 울리고 있다.

파티오에서 '두 자매의 방 Sala de las dos hermanas'이라고 불리는 어두운 내실로 들어선다. 내실의 벽은 추상적이고 상징적인 도형들이 조화를 이루며 가득 새겨져 있다. 그 사이사이에는 '알라는 승리자'와 코란의 구절이 반복되고 있다. 내실의 천장은 마치 황금불꽃이 터져서 그대로 굳어버린 듯 어찌 보면 밤하늘의 숱한 별을 새겨 놓은 듯 섬세하고 화려하다.

파티오에서 공명되어 들려오는 물소리는 햇빛에 반사되어 아른거리는 아라베스크 무늬들과 어우러진다. 그라나다에서는

사자의 파티오 | '두 자매의 방'의 천장. 치밀한 종유석인 듯, 밤하늘의 숱한 별인 듯 우아하고 섬세하다.

물이 흐르는 소리가 구석구석에서 들린다. 하지만 이곳에서 들리는 물소리보다 더 음악적으로 들리는 곳은 없는 것 같다. 이 물소리는 〈알함브라의 추억〉의 트레몰로 선율로 서서히 바뀌어지는 듯하다.

프란시스코 타레가의 추억

〈알함브라의 추억〉을 작곡한 프란시스코 타레가 Francisco Tárrega 는 노래 반주나 하는 민속 악기로 전락해 버린 기타를 연주용 악기로

알함브라의 궁전에 있는 왕의 집무실 앞 파티오.
매우 명상적인 공간이다.

승화시킨 장본인 중의 한 사람이다. 스페인 동부 항구도시 발렌시아 근교에서 태어난 그는 어렸을 때부터 피아노와 기타 연주에 뛰어난 실력을 보였다. 마드리드 음악원에서 정식으로 음악을 공부한 이후에는 스페인과 유럽 전역으로 연주여행을 다니면서 '기타의 사라사테'라고 불리게 되었고 작곡에도 손을 댔다.

발렌시아 순회 연주 공연에서 콘샤 마르티네스Conxa Martinez라는 부유한 여인이 타레가의 제자 겸 후원자가 되었다. 콘샤Conxa는 스페인 표준어 표기로는 콘차Concha가 되고, 애칭은 콘치타Conchita다. 콘샤는 가톨릭의 수태고지를 뜻하는 콘셉시온Concepción에서 나온 것으로 12월 8일을 수태고지절로 기념한다.

이 여인은 바르셀로나에 타레가의 가족이 살 거처까지 제공해 줄 정도로 열렬하게 후원했다. 그러던 어느 날 그녀는 타레가의 안달루시아 순회연주를 기획하면서 그라나다에 그와 함께 갔는데, 타레가는 이 도시가 지닌 매력과 마력에 푹 빠졌던 모양이다. 그는 말라가에 가서 그라나다의 인상을 오선지에 옮겼고 1899년 12월 8일, 콘치타의 가톨릭 본명축일을 기념하여 그녀에게 이 음악을 헌정했다. 당시 그녀는 35세. 타레가는 값비싼 선물은 못하지만 알함브라에서 받은 인상을 담은 자작곡을 '부족하나마 콘치타에게 헌정한다'고 악보에 적어 넣었는데 이때 그가 붙였던 제목은 〈즉흥곡, 그라나다! – 아라비아풍의 곡조Improvisación, Granada! - Cantiga arabe〉였다.

알함브라에서 본 알바이신 지역

  이 곡은 훗날 출판사에서 신비스러운 느낌을 더하려고 〈알함브라의 추억 Recuerdos de la Alhambra〉이라고 제목을 바꾸었다. 타레가는 '부족한' 작품으로 여겼던 이 소품이 100년이 넘도록 전 세계인의 심금을 울리는 클래식기타의 명곡으로 자리 잡을 줄은 예상하지 못했던 것 같다. 출판사는 '추억'이란 코드가 시공을 초월하여 누구에게나 감동을 줄 수 있다는 것을 일찌감치 간파한 걸까?
  그런데 이 곡의 전반부 선율은 비제의 오페라 〈진주조개잡이〉에 나오는 '로망스'의 첫 부분과 좀 흡사하다. 타레가는 기타라는 악기가 표현할 수 있는 영역을 확대하기 위해 바흐, 베토벤, 쇼팽, 슈만, 알베니스 등 유명한 작곡가의 작품들뿐만 아니라 〈라 팔로마〉, 〈오 솔레 미오〉 등과 같이 널리 불리던 노래에 이르기까지 수많은 곡들을 편곡하면서 틀림없이 비제의 선율도 접했을 것이다. 그렇다면 그가 혹시 표절한 것이 아닐까 하는 생각도 들지만 음악에서는 우연의 일치로 선율이 비슷한 경우가 꽤 많으니 색안경을 쓰고 따질 필요는 없을 것 같다. 그런데 타레가는 콘치타에게 헌정했던 곡을 무슨 이유인지는 모르지만, 정식으로 출판했을 때는 자신의 파리 연주회를 주선했던 프랑스인 친구 코탱A. Cottin에게 헌정한다고 했다. 왜 그랬을까? 하지만 이 곡에 귀를 기울일 때는 그런 사소한 시비들을 모두 잊게 된다. 맛있는 요리를 식탁에 올려놓고 일일이 영양가를 따지다 보면 제대로 그 맛을 음미할 수 없는 것처럼.

  이 곡은 연주시간이 5분도 되지 않는 짧은 소품이며 곡의 구조도 단순하고 간결하다. 그러면서도 내면에는 알함브라 궁전에서 느껴지는 신비스러우면서도 은은한 애수가 담겨 있어서 마음을 뭉클하게 한다. 어찌 들어 보면 '잃어버린 천국' 알함브라를 뒤돌아보며 탄식하던 나스르 왕조의 마지막 왕 보압딜의 눈물과 회한이 어려 있는 것 같기도 하다. 어쨌든 이 곡을 듣고 느끼는 감정은 듣는 사람의 자유다. 타레가가 달빛 어린 알함브라 궁전에서 콘치타와 이룰 수 없는 사랑을 괴로워하면서 이 곡을 작곡했다고 꾸며대는 이에게도. §

■ 프랑스 | 베르사유 | 베르사유궁전
❞ 륄리(1632-1687) | 테 데움

태양왕을 움직인 음악가의 마지막 고백

베르사유궁전 입구에 세워진 루이 14세의 기마상 앞에 섰다. 궁전을 배경으로 이 기마상을 카메라에 담으려고 하는데 수염이 덥수룩한 남자가 한 손에 지팡이를 들고 절룩거리면서 다가온다. 그러고는 처량한 목소리로 "신의 가호가 있기를!"이라고 프랑스어로 읊조리며 내게 손을 내민다. 나는 아무것도 가진 것이 없다는 손짓을 해보였다. 그랬더니 그는 표정이 싹 바뀌며 재수 없다는 듯 알아들을 수 없는 말을 내뱉고 돌아선다. 얼굴이나 내뱉은 말을 보아 중동 출신의 불법 체류자 같다.

돌아선 그는 언제 절룩거렸냐는 듯 힘차게 걸어간다. 다른 '고객'을 찾으러 걸어가는 그는 마치 인간 세상에 불만이라도 있는 듯 지팡이로 바닥을 세차게 내리찍고 있다. 저러다가 실수로

륄리의 오페라가 공연되던 대리석 중정 바닥과 멀리 보이는 루이 14세 동상

베르사유궁전 입구에 세워진 루이 14세 동상

자기 발등이라도 찍으면 어쩌나 하는 걱정이 든다. 그런데 '고객'에 접근할 때부터는 지팡이에 몸을 의지하면서 다시 다리를 절룩거리는 시늉을 하며 다가가 "신의 가호가 있기를!" 하면서 구걸한다. 멀리서 그를 지켜보는 것만으로도 베르사유궁전 앞 무대에서 펼치는 한 편의 코메디를 보는 듯하다.

베르사유궁은 마치 병풍처럼 좌우로 펼쳐져 있다. 상공에서 보면 큰 새가 날개를 쫙 펴고 있는 모습이다. 이 '날개'의 한쪽 끝에서 다른 쪽 끝까지는 거의 600미터에 이른다. 보기 드문 규모의 광대한 스케일이다. 루이 14세는 거대한 피라미드를 세운 이집트의 파라오와 경쟁이라도 한번 하고 싶었던 것일까?

베르사유궁 안에 들어선다. 화려한 '거울의 방'과 다른 방들을 둘러보다가 창을 통해 정원을 바라본다. 끝없이 펼쳐진 방대한 정원과 공원 그리고 십자가형으로 놓인 운하 모양의 호수가 보이는데 그 규모에 입이 벌어진다. 그런데 이런 풍경을 담은 창틀이 십자가로 보이고 "신의 가호가 있기를!"이 자꾸만 귓전에 맴돈다.

태양왕 루이 14세

유럽의 1600년대는 뉴튼, 후크, 뢰머, 파스칼, 갈릴레이 등이 활동하던 과학 혁명의 세기였다. 이러한 시대에 '역설적으로' 프랑스에서는 루이 14세가 절대 왕권을 휘두르고 있었다. 그는 '태양왕'이라고 불릴 정도로 절대적인 존재였으니 신과 다를 바 없었다. 수도 파리에서 남서쪽으로 대략 20킬로미터 떨어져 있는 베르사유궁전은 절대권력을 상징하던 건축이다.

그는 부왕이 일찍 죽는 바람에 1643년 다섯 살에 왕이 되어 장장 72년 동안 권좌에 있었으니 2세대 이상을 통치한 셈이다. 유럽 왕정 역사에서 이렇게 오랫동안 왕위에 올라 있었던 왕은 없었다. 모든 유럽의 군주들이 부러워할 웅대한 베르사유궁전을 짓고 백성이야 고통당하든 말든 인간이 누릴 수 있는 부귀영화는 누릴 수 있는 데까지 누리며 살다가 77회 생일을 맞이하기 직전에 타계했으니 가히 '신의 가호'를 받은 왕이었을까? 그가 죽었을 때 프랑스 국민들은 마치 오랜 압제에서 해방된 것처럼 환호했다. 그리고 그 환호는 루이 16세 때 프랑스혁명 1789~1794 으로 이어지게 된다.

춤추던 태양왕

어린 루이 14세의 뒤에서 실권을 잡고 휘두르던 사람은 재상 마자랭 Mazarin 으로 왕을 도와 절대 왕정을 확립하는 데 크게 기여했다. 마자랭은 이탈리아 출신 맛짜리니 Mazzarini 추기경으로 권모술수와 정치적 수완이 뛰어났던 음흉한 인물로 전해진다.

베르사유궁전 실내에서 본 정원. 창틀이 십자가로 보인다.

유럽의 궁전과 성에서

유럽의 모든 군주들이 부러워했던 베르사유궁전

광대한 베르사유 정원

　한편 왕은 어렸을 때부터 춤과 음악을 즐겼다. 그는 마자랭이 죽은 다음 콜베르를 재상으로 등용하면서 베르사유궁전을 짓게 했다. 또한 멋진 궁전에서 화려한 공연을 개최하는 데 국가예산을 조금도 아끼지 않았다.

　춤과 음악에 혼이 빠진 이러한 왕을 바로 곁에서 평생토록 보좌해주던 인물이 있었다. 그의 이름은 쟌 밧티스타 룰리Gian Battista Lulli, 프랑스식으로 고쳐 쟝 밥티스트 륄리Jean Baptiste Lully가 되었다. 그도 마자랭처럼 이탈리아 태생의 음흉한 수완가였다. 하지만 그는 오로지 수완 때문에 왕의 총애를 받은 것은 아니었다.

그는 음악적으로도 뛰어난 재능과 실력을 겸비하고 있었으며 음악적으로 큰 업적도 쌓았다. 특히 그는 바로크 시대에 프랑스 오페라의 갈 길을 제시한 인물이었다.

그는 후에 왕으로부터 귀족칭호를 받고나서는 자신의 성을 '드 륄리 de Lully'라고 쓰기도 했다. 그런데 그의 출신성분을 따지고 보면 그는 이만저만 크게 출세한 것이 아니었다. 그는 1632년 피렌체에서 방앗간 집 아들로 태어났다. 14살에 피렌체에 거주하던 프랑스 귀족집안의 시종으로 일할 때 그의 노래에 반한 주인이 그를 프랑스에 데려가면서부터 팔자가 완전히 바뀌기 시작했던 것이다. 그는 파리에서 루이 14세의 사촌의 시종이 되었다가 그 다음에는 궁정에 무용수로 고용되면서부터 또 한 번 더 크게 팔자를 고쳤다. 루이 14세보다 6살 위였던 그는 왕의 눈에 띄었고, 1653년 2월 처음으로 왕과 함께 발레를 공연했다. 이때 루이 14세가 맡은 역이 바로 '태양'이었다. 그 이후로 루이 14세는 '태양왕'이라는 별명이 붙게 되었고 실제로도 태양과 같은 절대권력을 휘두르는 통치자가 되었다. 왕은 륄리가 퍽 마음에 들었던 모양이다. 그리하여 공연 후 한 달도 되지 않아 륄리를 왕의 기악음악 작곡가로 임명했고 나중에는 궁중의 모든 음악을 지휘 감독하게 했다.

륄리는 1662년에 결혼하여 슬하에 자그마치 10명이나 되는 아이를 두었지만 가정에 충실한 인물은 아니었고 플레이보이에

다가 동성애자기도 했다. 루이 14세는 그의 난잡한 행위에 눈살을 찌푸렸지만 그래도 그를 계속 총애했다. 마침내 륄리는 왕의 배려와 권모술수로 오페라 공연 통제권을 거머쥐게 되었고 프랑스에서 오페라를 공연하려면 누구든지 그의 허가를 필히 얻어야 했다. 그의 헛기침에도 굽실거려야 했던 프랑스 음악가들은 그가 병이라도 나서 하루 빨리 사라지기를 간절히 원했을 것이다. 하지만 륄리는 병은커녕 매사에 기운이 철철 넘쳐흘렀고 새로운 곡을 만들어 내는 창작열도 식지 않았다.

그러던 어느 날이었다. 루이 14세는 치아 수술을 잘못하여 중병을 얻어 죽을 지경까지 이르렀다가 기적적으로 건강을 회복했다. 륄리는 1687년 1월 8일에 왕의 건강회복 축하 음악회를 열기로 했다. 300명의 궁정음악가들이 연주하는 이 음악회에 륄리는 자신이 작곡한 〈테 데움〉을 지휘했다. 이 곡은 약 10년 전에 자기 아들의 세례식을 기념하여 작곡한 것인데 이 음악회를 위해 다시 손질한 곡이다.

그의 지휘법은 좀 독특해서 금속으로 끝을 뾰족하게 장식한 지팡이로 바닥을 탁탁 내리찍는 것이었다. 왕은 몸이 불편했는지 이 음악회에 불참했지만 음악회는 예정대로 진행되었다. 륄리는 엄숙하게 지휘봉으로 바닥을 찍기 시작했다. 매우 예식적인 곡이라서 감정의 기복이 그리 심하지 않았음에도 불구하고 륄리는 어느 순간에 감정이 고조되었던 모양이다. 그는 지휘봉

대리석 중정. 륄리의 오페라가 주로 공연되던 곳이다.

으로 바닥을 점점 더 힘차게 내리찍기 시작했고 관중들도 감정이 고조되어 음악에 빨려 들어가고 있었다. 그러다가 륄리가 갑자기 "악!" 하고 비명을 지르며 쓰러졌다. 그는 감정에 도취된 나머지 온 힘을 다해 바닥을 찍는다는 것이 그만 자신의 엄지발가락을 내리찍었던 것이다. 의사들은 발가락 절단수술을 권유했지만 그는 완강히 거부했다. 비록 나이가 들어 발레를 하지는 못하지만 발가락을 절단한다는 것은 삶의 기록을 완전히 지워버리는 것과 마찬가지였기 때문이었으리라. 그는 의사들의 조언을 무시하고 오기로 버티었다. 하지만 상처는 더욱더 악화되어 갔고 걸

루이 14세의 초상화 | 륄리의 초상화

잡을 수 없는 지경에 이르렀다.

결국 석 달 만에 그는 55세의 나이로 세상을 뜨고 말았다. 그날이 1687년 3월 22일이었으니까 독일에서 태어난 바흐가 딱 하루 전인 3월 21에 생일을 맞아 두 살배기였을 때였다. 한편 프랑스의 제라르 코르비오가 2001년에 감독한 〈왕의 춤 Le roi danse〉은 루이 14세와 륄리의 관계를 그린 영화로 륄리가 지휘봉으로 자신의 발을 찍고 비명을 지르는 장면으로 시작된다.

륄리의 마지막 순간

〈테 데움〉은 원래 Te Deum laudamus을 줄인 말로 직역하면 '너$_{Te}$ 신을$_{Deum}$ 우리는 찬양한다$_{laudamus}$'라는 뜻이다. 라틴어에는 인칭에 존댓말이 없어서 전지전능한 하나님이라도 '당신'이 아니라 '너'다. 그런데 여기서 말하는 신은 전지전능한 하나님을 말하는 것일까, 아니면 신과 같은 절대군주 루이 14세를 말하는 것일까?

프랑스 음악계에 절대 권력자처럼 군림했던 륄리가 임종 시에 "죄인은 죽어야지"라고 푸념한 것을 보면 자기의 삶을 회개하면서 죽음을 맞을 준비를 했던 모양이다. 륄리의 영전에서 다른 궁정 음악가들은 예의를 갖추고 엄숙한 표정을 지으면서 "신의 가호가 있기를!"하고 기원했다. 뒤돌아서는 언제 그랬냐는 듯 모두 표정을 싹 바꾸고 속으로 쾌재를 부르며 입가에 회심의 미소를 지었겠지만……. §

■ **오스트리아** | 빈 | 쇤브룬 궁전
❞ **모차르트(1756-1791)** | '아, 어머니께 말씀드릴게요' 주제에 의한
12개의 변주곡 C장조 K. 265

사라져 버린 두 개의
별을 추억하며

초가을 빛이 찬란한 어느 일요일 오후, 카메라를 메고 쇤브룬 궁전으로 향했다. 이 궁전은 원래 황실의 사냥터였기 때문에 빈 시내 중심지에서 다소 떨어져 있다. 19세기 말까지만 해도 이 지역은 쇤브룬 궁전 외에 다른 건물이라고는 없는 전원 같은 곳이었다.

　　오늘날 우리가 보고 있는 쇤브룬 궁전의 건축역사는 17세기 후반으로 거슬러 올라간다.

　　1683년 빈을 포위한 터키 군을 물리치고 난 다음, 오스트리아는 평화와 번영의 시대를 맞이하게 되었다. 레오폴트 1세는 전쟁으로 폐허가 된 쇤브룬 지역에 번영의 시대에 걸맞은 웅대한 궁전을 짓기로 하고 피셔 폰 에를라흐 Fischer von Erlach 에게

거울의 방으로 이르는 계단.
실내에 켜진 화려한 샹들리에 불빛이 보인다.

궁전 신축을 맡겼다. 에를라흐는 이탈리아에서 고대 로마건축과 바로크건축을 깊게 연구한, 당대 최고의 오스트리아 건축가였다. 그는 프랑스 베르사유궁전을 능가하는 대규모의 궁전을 계획했다. 하지만 에를라흐의 계획안을 본 황제는 눈살을 찌푸렸다. 합스부르크 왕가는 왕이 신처럼 받들어지는 절대 왕권의 루이 14세와는 달리 검소하게 보여야 한다는 것이 이유였다. 에를라흐는 황제의 뜻을 받들어 방이 겨우(?) 1441개밖에 되지 않는 궁전으로 규모를 대폭 축소하면서 1695년에 착공했는데 레오폴트 1세는 궁전 공사가 진행 중이던 1705년에 세상을 떠났고, 에를라흐도 궁전을 완공하지 못하고 1723년에 죽고 말았다. 그 후 황제 요제프 1세, 황제 카를 6세를 거쳐 마리아 테레지아 여제 때에 이르러 이탈리아 건축가 니콜로 파카시의 손에 의하여 궁전과 정원이 완성되었다.

  베르사유궁전이 왕실을 비롯하여 수많은 대신과 시종들이 함께 거주했던 일종의 도시라고 한다면 쇤브룬 궁전은 합스부르크 왕족들이 '오붓하게' 지내던 대저택이었다. 사실 마리아 테레지아 여제는 자식들과 가까이 지내고 또 수채화를 그리기 위해 건축가에게 방의 규모를 줄이라고까지 명령했다. 이 궁전의 구심점이 되는 공간은 바로 거울의 홀 Spiegelsaal 이다. 베르사유궁전의 거울의 방에 비하면 규모는 작지만 파카시의 로코코풍 실내 장식이 상당히 돋보이는 곳이다.

반짝반짝 작은 별

밝은 햇살을 받고 있는 쉰브룬 궁전을 카메라에 담기 위해 해를 등지고 구도를 잡으려고 뒷걸음질치다가 땅에서 뭘 줍고 있는 어린 여자아이와 부딪혔다. 꼬마는 그만 앞으로 넘어졌다.

"이런, 어쩌지? 미안해!"

나는 꼬마를 일으켜 세웠다. 좀 떨어져 있는 벤치에 앉아 있던 아이의 엄마는 책을 읽느라 내가 뒷걸음질치는 것을 보지 못해 오히려 자기가 미안하다고 했다. 아이도 아무렇지도 않다는 듯 바지를 툭툭 털더니 내게 생긋 미소를 지어 보이고는 다시 무엇인가를 줍기 시작했다.

"여기서 뭘 하고 있니?"

"별들을 찾고 있어요."

"아니, 별들이라니?"

"이 반짝이는 작은 돌을 봐요. 별 같지 않아요? 아저씨 마음에 들면 가지세요."

그리고는 자기와 같이 놀아 주지 않겠냐는 듯 천진난만한 표정을 지었다.

"고마워. 아, 그러고 보니 너도 작은 별 같구나. 그래, 네 이름이 뭐니?"

"카티 Kathi 예요."

합스부르크 왕족들이 거주하던 쇤브룬 궁전

"몇 살?"

"여섯 살이에요."

"카티, 혹시 영어할 수 있어?"

"조금 할 수 있어요. 엄마한테서 좀 배웠거든요."

"그럼 우리 별 같이 생긴 이 작은 돌에게 노래 하나 불러줄까? 〈반짝반짝 작은 별 Twinkle twinkle little star〉이란 노래 알지?"

"예, 그 노래 영어로도 배웠어요. 그럼 같이 불러 봐요."

낯선 동양인 아저씨와 금방 친해진 어린 딸을 지켜보던 엄마는 미소를 짓고 있었다. 카티와 함께 이 노래를 부르는데 이 곡조는 나의 머릿속에서 서서히 모차르트의 피아노곡으로 바뀌어졌다.

프랑스의 옛 노래

우리나라에서도 널리 불리는 동요 〈반짝반짝 작은 별〉은 영어권에서 부르는 동요 〈Twinkle, Twinkle, Little Star〉를 그대로 번역한 것인데 그 원조는 프랑스의 아주 오래된 노래다. 이 노래의 원래 제목은 〈아, 어머니께 말씀드릴게요 Ah, vous dirai-je, maman〉로 가사의 내용은 다음과 같다.

> Ah! Vous dirai-je, Maman,
> Ce qui cause mon tourment?
> Papa veut que je raisonne,
> comme une grande personne;
> Moi, je dis que les bonbons
> valent mieux que la raison.
> 아, 어머니께 말씀드릴게요.
> 무엇이 나를 괴롭히는지를?
> 아버지는 내가 이성적이길 바래요.
> 어른처럼 말이예요.
> 난 말할래요, 사탕이
> 이성보다 더 값지다라고요.

쇤브룬 궁전 정원에서 나와 친구가 된 6살 꼬마 카티

모차르트는 이 단순한 선율을 가지고 〈'아, 어머니께 말씀 드릴게요' 주제에 의한 12개의 변주곡 C장조〉라는 피아노곡을 작곡했는데 이 작품에서 그의 천재성이 별처럼 반짝인다. 이 곡은 천진난만한 아이들의 모습처럼 맑고 영롱한 '도-도-솔-솔-라-라-솔' 멜로디로 시작된 다음 차츰 복잡한 양상을 보이면서 마치 곡예비행하듯 자유롭게 변주된다. 8번째 변주곡은 비극적인 느낌을 주는 단조로 바뀌었다가 다시 장조로 돌아오고 11번째 변주곡은 라르고largo로 아주 평온하게 흐른다. 마지막 12번째 변주곡은 알레그로allegro로 빠르고 발랄하게 펼쳐지면서 시원하게 끝난다.

카티와 함께 〈반짝반짝 작은 별〉을 부르는 동안 모차르트의 피아노곡과 그의 어린 시절을 떠올려 봤다.

어린 모차르트와 어린 공주

1762년 신동 모차르트는 6세 때 누나와 함께 쇤브룬 궁전에 초대되어 마리아 테레지아 여제를 비롯한 황족과 궁정 대신들이 보는 앞에서 신기에 가까운 연주를 했다.

연주가 끝나자 어린 모차르트는 여제의 무릎에 뛰어올라가 볼에 키스를 했다. 그러고는 그만 미끄러져 넘어졌는데 이때 어린 공주 마리아 안토니아Maria Antonia가 다가가 그를 일으켜 세우자 모차르트는 대뜸 공주에게 "우리 커서 결혼할까?"라고 했단다. 또 다른 기록에 의하면 그가 연주를 끝내자 여제가 선물로 뭘 줄까하고 물었더니 어린 공주와 결혼하고 싶다고 하여 궁중을 온통 웃음바다로 만들었다고 한다. 어떤 얘기가 더 정확한지는 모르지만 어쨌든 당시 모차르트와 공주는 카티와 같은 여섯 살 동갑내기였다. 좀 더 정확히 말하자면 공주는 1755년 11월 2일생이었으니까 1756년 1월 27일생인 모차르트보다 3개월 연상이었다.

내가 모차르트와 마리아 안토니아 공주를 생각하고 있는 동안 카티는 별 모양의 조그만 돌을 찾으면서 "Twinkle, twinkle little star, How I wonder what you are…"를 반복해서 부르고 있었다.

흠, 가만 있자. '리틀 스타'라고? 그러고 보니 어린 모차르트야말로 진짜 '리틀 스타'가 아니었던가. 물론 나중에는 서양음악사에서 그냥 '스타'가 아닌 '슈퍼스타'가 되었지만. 또 그러고 보니 어린 공주 역시 만인이 우러러 보는 귀하신 몸이었으니 '리틀 스타'였다. 그런데 어린 공주는 나중에 어떤 삶을 살았을까? 혹시 모차르트처럼 슈퍼스타가 되었을까?

비운의 왕비 마리 앙투아네트

모차르트가 〈아, 어머니께 말씀드릴게요〉를 처음 접한 것은 아

쇤브룬 궁전의 화려한 정원

주 어릴 적에 아버지와 함께 파리를 방문했을 때였는지 아니면 21세 때 어머니와 함께 독일을 거쳐 파리에서 일시 체류하는 동안이었는지, 아니면 그 후였는지는 알 수가 없다. 그가 21세 때 파리에서 이 동요를 접하고 피아노곡을 썼다고 하는 얘기도 있지만 학자들은 그의 필체를 보아 그가 25세 되던 해에 작곡한 것으로 추정한다. 그러니까 그가 고향 잘츠부르크를 완전히 떠나 빈에서 활동하던 시기였다.

  1777년 21세의 모차르트가 파리를 다시 찾았을 때 당시 프랑스의 왕은 루이 16세, 왕비는 마리 앙투아네트 Marie-Antoinette 였다.

정원의 분수에서 본 쇤브룬 궁전

12년 후인 1789년에 프랑스혁명이 일어나 왕정이 종식되고 프랑스는 대격변기를 맞게 된다. 폐위된 루이 16세는 베르사유궁전에서 파리로 이송, 감금되었는데 혁명세력은 그를 처단하지 않고 입헌군주국의 왕으로 세울 생각을 하고 있었다. 그러나 루이 16세는 상징적인 왕으로 만족하지 못하고 왕권을 완전히 회복하기 위해 다른 나라의 왕실과 몰래 내통하여 프랑스 침공을 유도하려 했다. 그러나 이 음모는 탄로가 나고 루이 16세는 결국 국가반역죄로 1793년 1월 26일 단두대에서 처형당했다. 같은 해 마리 앙투아네트도 10월 16일 수많은 군중들이 지켜보는 가운데 처형당했다. 잘려진 왕비의 머리는 환호하는 군중들에게 보여졌고 목이 잘린 시체는 공동묘지 구덩이에 던져졌다.

마리 앙투아네트는 사치가 심하고 문란했으며 빵을 달라고 하는 굶주린 백성들에게 "빵이 없으면 과자를 먹으라."고 말했다고 전해지지만 이는 사실이 아니다. 그녀는 당시의 시대와 정치가 만들어 낸 비운의 여인이었을 뿐이다. 끔찍한 비극의 희생양 마리 앙투아네트가 바로 마리아 안토니아. 어린 모차르트가 결혼하자고 했던 어린 공주였다.

8번째 변주곡 속에 흐르는 비감

마리아 테레지아 여제는 자그마치 16명이나 되는 자식을 낳았는데 마리아 안토니아는 15번째였다. 여제는 오스트리아를 노리는 프로이센을 견제하고자 유럽의 여러 왕가와 자식들을 정략 결혼 시켰다. 마리아 안토니아 공주는 14세가 되던 해에 프랑스 왕실로 보내져 한 번도 보지도 못한 왕자와 혼약을 맺었고 이름도 프랑스식으로 마리 앙투아네트로 바뀌어졌다.

한편 프랑스 왕자는 착하고 수줍은 성격에 몸은 허약했다. 1774년에 그의 할아버지인 루이 15세가 세상을 떠나자 왕자는 아직 10대에 불과한데도 루이 16세라는 이름으로 어쩔 수 없이 왕위에 오르게 되었고 마리 앙투아네트는 프랑스의 왕비가 되었다. 루이 16세는 구체제를 민주적으로 개혁하려 했지만 기득권 세력의 완강한 반대에 부딪혔다. 또 마리 앙투아네트는 신하들로부터 왕비대접은커녕 말 한마디 행동 하나하나를 감시당했으며 오스트리아 가족과 주고받는 편지까지도 모두 검열 받았다. 게다가 프랑스 사람들은 경기가 안 좋아지면 오스트리아 출신 왕비 때문이라고까지 불평했다. 마리 앙투아네트는 강대국 프랑스의 왕비였으니 '슈퍼스타'였겠지만, 실은 겉보기와는 달리 마음의 고통을 겪으면서 살다가 시민혁명의 소용돌이에 휘몰려 온갖 누명을 덮어쓰고 38세의 나이에 비극적인 최후를 맞았던 것이다.

그런데 쉰브룬 궁전의 어린 시절 추억을 간직하고 있던 모차르트는 그녀의 비극적인 죽음에 대한 소식을 접하지 못했다. 왜냐면 그는 이미 2년 전인 1791년 12월 5일에 먼저 세상을 떠

쇤브룬 궁전 전경. 그 너머 잘 정돈된 빈의 시가지가 보인다.

났기 때문이다. 그리고 그의 시신도 마리 앙투아네트와 마찬가지로 '슈퍼스타'라는 명성에 걸맞지 않게 이름도 없는 어느 공동묘지에 던져지고 말았다.

나는 창문이 굳게 닫혀 있는 거울의 홀을 밖에서 물끄러미 바라보며 어린 모차르트 남매의 궁중연주회의 광경을 상상해 보았다.

그 자리에 참석한 마리아 테레지아 여제의 딸은 모두 8명이었는데 8번째 막내 공주는 바로 마리아 안토니아였다. 청년 모차르트가 그녀의 비운을 예견하고 작곡한 듯한 8번째 변주곡의 슬픈 멜로디는 뇌리에서 끊임없이 맴돈다.

이때 작은 돌을 줍고 있던 카티가 〈반짝반짝 작은 별〉 노래를 멈추고 천진난만하게 내게 말을 걸어왔다.

"아저씨, 뭘 그리 생각하고 계세요? 이것 좀 봐요. 아까보다 더 예쁜 별 같지 않아요?" §

■ 이탈리아 | 로마 | 거룩한 천사의 성
푸치니(1858-1924) | 오페라 《토스카》 중에서 〈별은 빛나건만〉

테베레 강 따라 흐르는
두 연인의 절규

1800년 6월 15일, 새벽의 여명이 영원의 도시 로마를 뒤덮은 어둠을 막 거두기 시작할 무렵의 일이었다. 별이 빛나는 하늘 아래 흐르는 테베레 강을 지켜보는 듯한 거룩한 천사의 성과 베드로 대성당의 쿠폴라는 어둠의 베일 뒤에서 그 웅대한 모습을 서서히 드러내고 있었다.

    멀리서는 새벽길을 가는 목동이 부르는 노랫소리가 들려오고 있었다. 성 꼭대기 위에 서서 칼집에 칼을 넣고 있는 미카엘 천사상은 신의 은총을 갈구하는 인간들을 굽어 내려보는 듯했다. 그런데 성 위에서는 무엇인가 불길한 분위기가 엄습해왔다. 그리고는 사랑의 추억을 더듬는 듯한 어조의 탄식 소리가 들려왔다. 그 소리는 곧 애절한 절규로 바뀌었다.

거룩한 천사의 다리와 성

별들은 빛나고 있었지.
대지는 향기를 발하고 있었지.
정원 문이 스르르 열리고
발걸음은 모랫길을 스치고 있었지.
향기 품은 그녀가 들어와
내 품에 안겼지.
E lucevan le stelle…
e olezzava la terra…
stridea l'uscio dell'orto…
e un passo sfiorava la rena.
Entrava ella, fragrante,
mi cadea fra le braccia.

오 달콤한 키스여, 오 부드러운 손길이여!
내 마음 조일 때
그녀는 베일을 벗어 아름다운 모습을 나타냈지.
Oh! dolci baci, o languide carezze,
mentr'io fremente
le belle forme discioglìea dai veli!

사랑의 꿈은 영원히 사라졌구나.
사랑의 시간은 순식간에 지나가고,
절망 속에서 죽는구나! 절망 속에서 죽는구나!
이토록 삶에 애착을 가진 적은 없었도다!

Svanì per sempre il sogno mio d'amore.

L'ora è fuggita.

e muoio disperato! e muoio disperato!

non ho amato mai tanto la vita!

    얼마 후 성 위에서 새벽의 정적을 깨는 총소리가 연달아 울려 퍼졌다. 아름다웠던 사랑의 추억을 가슴에 안고 삶에 대한 미련을 버리지 못하던 그 남자는 그만 피를 흘리고 쓰러졌다. 가식적인 총살형인 줄로만 믿고 있던 그의 연인은 전혀 예상치 못한 그의 죽음 앞에서 오열했다. 곧 이어 그녀를 체포하려고 성 위로 올라오는 경찰들의 발자국 소리가 점점 크게 울려왔다. 그녀의 혐의는 로마경찰총감 살인죄. 삶의 희망을 모두 잃어버린 그녀는 절규하면서 성곽 아래로 흐르는 테베레 강으로 가냘픈 몸을 던지고 말았다.

    총살당한 남자는 화가 마리오 카바라돗시이고 투신한 그의 연인은 오로지 예술과 사랑으로 삶을 살아왔던 소프라노 플로리아 토스카였다.

    이것은 푸치니의 오페라 《토스카》의 마지막 장면인데 그 배경이 되는 곳이 바로 거룩한 천사의 성이다.

    거룩한 천사의 성은 현지에서는 카스텔 산탄젤로 Castel Sant'Angelo 라고 부른다. '거룩한 천사'란 미카엘 천사를 말한다. 전

다리에서 본 거룩한 천사의 성 야경

설에 의하면 509년 전염병이 창궐하여 수많은 사람들이 죽어갈 때 교황은 기도하던 중에 미카엘 천사가 성채의 꼭대기에 올라서서 칼집에 칼을 집어넣고 있는 환상을 보았다고 한다. 이것은 신이 진노를 거두고 은총을 베푼다는 뜻이었다. 많은 시간이 흐른 다음, 미카엘 천사를 기념하여 성채 위에 예배당이 세워졌고, 이어서 천사의 조각이 성채의 꼭대기에 세워졌다.

칼집에 칼을 넣고 있는 미카엘 천사의 상

거룩한 천사의 성

로마시가지 중심부에서 북서쪽 테베레 강 건너편 바티칸 지역에는 세계최대의 성전인 베드로 대성당이 세워져 있다. 거룩한 천사의 성은 마치 베드로 대성당의 길목을 지키는 듯한데 그 거대한 규모와 둥근 형태 때문에 기념비적인 성격이 매우 강하다.

    이 성은 벽돌로 세워져 있어서 붉은 색조를 띠고 있다. 그런데 원통형 성곽의 표면을 자세히 살펴보면 벽돌은 큼지막한 돌로 쌓은 원통형 구조물 위에 올려져 있음을 알 수 있다. 원통형 구조물을 이루고 있는 돌에는 숱한 세월의 흔적이 역력하다. 즉 이 성은 시대와 양식이 다른 건축이 겹쳐져 있는 것이다. 그렇다면 벽돌 부분을 제외한 거대한 원통형 석조 구조물은 언제 세워진 것일까? 정답은 거의 2천 년 전 로마제국이 역사상 최고로 융성했던 하드리아누스 황제시대이다.

하드리아누스라면 로마제국의 국경을 최대로 넓힌 트라야누스 황제를 뒤이은 황제였다. 그는 국경을 넓히는 것보다는 내실을 기하는데 총력을 기울였는데 그가 치세하는 동안 로마 제국은 평화와 복지를 누렸다. 그는 뛰어난 군인이자 탁월한 정치가였고, 박식하고 재기가 넘쳤으며, 미술, 음악, 건축, 문학 등 거의 모든 예술 분야에 조예가 깊었으며 또한 여행을 무척이나 좋아했다. 그는 치세 21년 동안 자그마치 12년을 로마 제국의 구석구석을 돌아다녔다. 물론 그의 여행은 로마제국 국경 내부를 굳게 다지기 위한 정치적인 목적을 먼저 띄고 있었겠지만.

130년 경 그는 자신과 후세 황제들의 묘소로 사용하기 위하여 테베레 강 언저리에 거대한 영묘를 건축했는데, 이 영묘는 당시 로마에서는 콜로세움 다음으로 웅장한 건축물이었다고 전해진다.

하드리아누스 황제는 자신이 직접 건축 설계에 관여하곤 했다. 특히 그는 로마 근교 티볼리에 광대한 별장을 세우는데, 로마 제국의 여러 속주를 여행하면서 고대 이집트의 웅장한 건축에서

거룩한 천사의 성에는 2000년 전의 건축 흔적이 보인다.

테베레 강변의 거룩한 천사의 성.
이 성은 원래 하드리아누스 황제의 영묘였다.

섬세한 그리스 건축에 이르기까지, 그가 본 것 가운데 가장 아름답고 기이하면서도 인상 깊은 것들을 그곳에 재현하고자 했다. 하지만 별장이 완공될 무렵 그는 병에 걸리면서 걷잡을 수 없을 정도로 성격이 날카로워져서 원로원과 적지 않은 마찰을 초래했다. 병이 악화되자 그는 아름다웠던 추억을 생생하게 재현한 곳에 있는 것이 오히려 더 고통스러웠다. 그는 바다가 보이는 나폴리 근교에서 요양하다가 몇 번이나 스스로 목숨을 끊으려고까지 했다. 그러다가 138년 7월 10일, 허무한 인생을 한탄하듯 "방황하는 사랑스러운 작은 영혼이여, 육체에 잠시 깃든 벗이여…"라고 읊조리면서 62세를 일기로 먼 길을 떠나고 말았다. 한 줌의 재로 변한 그의 유해는 그가 세운 거대한 영묘에 안치되었다.

로마제국의 절정기를 상징했던 하드리아누스 황제. 하지만 그의 영묘는 로마제국의 국운이 기울어지면서 전혀 다른 모습으로 바뀌기 시작했다. 3세기 후반에는 테베레 강 하류 지역을 방어하는 성벽의 일부로서 로마를 지키는 요새가 되었고, 10세기에는 바티칸 지역을 방어하는 성채가 되었다. 이 성은 1527년 독일 용병에 의한 로마 약탈 기간 중에는 포위된 교황 클레멘스 7세의 피신처가 되기도 했고 이후에는 정치범들을 수감한 악명 높은 형무소로 사용되었다.

오페라《토스카》의 제3막

오페라《토스카》의 3막은 바로 이 성이 형무소로 사용될 때를 배경으로 펼쳐진다.

《토스카》는 프랑스혁명의 여파로 18세기 말과 19세기 초에 걸쳐 로마에서 벌어지는 친프랑스파와 친오스트리아파 간의 대립을 소재로 하여 격동하는 정치상황을 극적으로 그린 극작가 빅토리앙 사르두의 〈라 토스카 La Tosca〉를 오페라로 만든 작품으로 친프랑스파 혁명투사인 화가 카바라돗시와 그의 연인 토스카 그리고 친프랑스파를 박해하는 스카르피아 로마경감 사이에 벌어지는 갈등을 다루고 있다. 사건의 시간적 배경은 1800년 6월 14일부터 다음 날 새벽까지다.

빅토리앙 사르두의 원작에 의하면 스카르피아 경감은 오스트리아와 같은 편인 나폴리 왕국의 왕비 마리아 카롤리나 Maria Carolina 의 하수인이었다. 스카르피아는 가공의 인물이지만 마리아 카롤리나는 실제 인물로 당시 로마를 실질적으로 통치하던 나폴리 왕국의 왕비였다. 그녀는 신경질적으로 친프랑스파를 증오했다. 왜 그랬을까? 그녀는 다름 아닌 오스트리아 여제 마리아 테레지아의 딸로 마리 앙투아네트의 3살 위 언니였던 것이다. 나폴리의 페르디난도 왕과 결혼한 그녀는 동생 마리 앙투아네트가 1793년 단두대에서 비참한 죽음을 맞았다는 소식을 접한 후부터 프랑

거룩한 천사의 성에서 본 성베드로대성당

스의 혁명세력에 대해 뿌리 깊은 원한을 품고 있었던 것이다.
 그럼 극의 시간적 배경은 왜 하필 1800년 6월 14일인가? 이 날은 이탈리아 북부 마렝고에서 알프스 산을 넘어 이탈리아를 공격한 나폴레옹 군대와 북부 이탈리아를 점령하고 있던 오스트리아 군대가 격돌한 날이다. 이 전투의 초기에는 오스트리아 군대가 승리의 기선을 완전히 잡았다. 이 소식을 전해들은 스카르피아는 한껏 고무되어 그날 저녁 승리 축하 파티를 열었고 토스카가 축하의 노래를 부르게 되었는데 파티 중에 완전히 다른 전황소식이 날아왔다. 오스트리아 군대가 프랑스 군대에게 완전히 역전패를 당했다는 것이다. 이 소식을 접하고 다급해진 스카르피아는 체포된 카바라돗시를 다음날 새벽에 거룩한 천사의 성에서 서둘러 처형하기로 결정하고는 그날 저녁 토스카를 유혹하여 그의 애인을 몰래 도주시켜주는 대가로 성상납을 요구하다가 그만 토스카에 의해 살해된다.

오페라 《토스카》에서 최고의 아리아로 꼽히는 것이 바로 카바라돗시가 사형대에 오르기 전에 부르는 〈E lucevan le stelle…〉이다. 우리말로는 〈별은 빛나건만〉이라고 하는데 문자 그대로 번역한다면 〈별들은 빛나고 있었지…〉이다. 즉 토스카와의 아름다웠던 사랑의 순간을 회상하는 내용으로 시작된다.

이 탄식 같은 아리아에는 죽음을 앞둔 화가 카바라돗시와 연인 토스카와의 아름다웠던 사랑의 추억과 삶에 대한 미련이 응축되어 있다. 아름다웠던 여행의 추억을 재현한 티볼리 별장을 뒤로하고 먼 요양지에서 죽음을 덤덤하게 받아들이던 하드리아누스 황제의 허무한 탄식과는 달리……. §

■ 독일 | 슈반가우 | 노이슈반슈타인 성
바그너(1813-1883) | 오페라 《로엔그린》 중 〈결혼행진곡〉

백조의 노래를 남기고 떠난 동화 속의 왕

기차는 바이에른 주의 수도 뮌헨에서 남쪽으로 달린다. 아름다운 산을 배경으로 잘 정돈된 숲과 들판과 검소하면서도 부티 나는 집들을 보니 '역시 독일'이라는 생각이 든다. 내 옆에는 신혼부부 한 쌍이 앉아 있는데 신혼여행으로 뮌헨을 거쳐 퓌센으로 간다고 한다. 바로 노이슈반슈타인 성을 보기 위해서란다. 나와 목적지가 같아서 얘기를 좀 나눈다.

이들은 벨기에의 브라반트 지역에서 스헬데Schelde 강변에 있는 작은 마을에서 왔다고 한다. 브라반트Brabant라면 브뤼셀과 안트베르펜을 포함하여 남부 네덜란드와 룩셈부르크 국경까지 이르는 지역을 일컫는다.

이들은 산악 풍경을 보고 놀라움을 감추지 못한다. 그도 그

백조의 성을 바라보는 백조의 기사 동상

럴 것이 벨기에나 네덜란드는 온통 평지뿐이니 산의 위용에 감탄하는 것도 당연한 일이리라.

독일어로 퓌센Füssen은 영어의 feet에 해당한다. 알프스 산맥의 초입에 있으니 산맥의 발에 해당하는 셈이다.

퓌센 역에서 내려 버스를 타고 남동쪽으로 약 4킬로미터 떨어진 슈반가우Schwangau로 향한다. 슈반가우 버스 종점에 내리니 멀리 산 위에 세워진 하얀 성이 눈에 확 들어오고, 그 다음에는 이 성을 보고 있는 백조의 기사 동상과 마주친다. 그리고 보니 이곳은 가는 데마다 온통 '백조'투성이다. '슈반가우'라는 지명도 '백조지역'이란 뜻이다. 성으로 오르기 전에 백조들이 떠다니는 슈반가우 호숫가를 걸으며 백조의 기사 이야기를 떠올려 본다. 이 이야기는 벨기에 신혼부부가 온 브라반트의 스헬데 강Schelde 독일에서는 '셸데'라고 발음한다이 배경이다.

백조의 기사 이야기

약 1000년 전. 헝가리족의 침입을 격퇴하기 위해 독일의 하인리히 왕은 게르만 부족들이 힘을 규합하고 군대를 모으기 위해 브라반트에 왔다. 당시 브라반트의 영주 고트프리트는 아직 어렸기 때문에 텔라문트 백작이 그를 보좌하고 있었는데 얼마 전부터 어린 영주가 행방불명됐다. 백작의 사악한 아내 오르트루트가 마법을 걸어 영주를 백조로 변하게 했던 것이다. 백작 부부는 누나 엘자가 권력이 탐나서 남동생을 죽였을 것이라고 왕에게 고한다.

누명을 쓴 엘자는 너무 억울하여, 왕에게 자신의 결백을 증명할 수 있도록 결투를 통해서 신의 재판을 받게 해달라고 호소하고 왕은 그것을 승낙한다. 엘자는 자기를 대신해서 백작과 싸울 사람은 그녀의 꿈에 나타난 은빛 갑옷을 입은 기사라고 말한다. 왕은 신만이 진실을 안다면서 결투를 하게 한다. 하지만 꿈에서 봤다는 그 기사가 나타나지 않으면 연약한 엘자가 직접 결투에 나서야 할 판이다. 엘자와 시녀들이 한마음으로 간절히 기도하는데 기적이 벌어졌다. 꿈에서 본 그 기사가 백조가 인도하는 작은 배를 타고 오는 것이 아닌가. 이를 본 백작 부부는 소스라치게 놀라고 백작 부인은 공포로 벌벌 떨고 있다. 백조의 목에 감긴 쇠사슬을 보니 백조는 바로 마법에 걸린 영주 고트프리트였다.

기사는 백조를 돌려보낸 다음 육지로 올라온다. 엘자가 기사 앞에서 무릎을 꿇고 자신을 대신해서 사악한 백작과 결투해 줄 것을 부탁하자 기사는 결투에서 이기게 되면 자기와 결혼을 해달라고 한다. 단 조건이 있다. 자기가 어디서 왔는지, 자기가 누구인지 절대로 물어서는 안 된다는 것이다.

결투가 시작되자 기사는 단숨에 텔라문트를 눌러 이기고 그의 목숨만은 살려준다. 밤이 되었다. 백작의 아내는 교회계단에서 음모를 꾸민다. 어떻게 해서든지 엘자에게 기사와 맹세한 서

슈반가우. 그 뒤로 호수가 보인다.

약을 파기하도록 기사의 정체를 밝혀내겠다는 것이었다. 그녀는 엘자를 움직여서 기사에게 금지된 질문을 하게 하든가 아니면 아예 그를 암살할 계획을 세운다. 그때 엘자가 바람을 쐬러 궁전의 발코니로 모습을 보이자 백작 아내는 그녀를 교묘하게 유혹하여 기사에 대해 의혹을 품게 한다.

날이 밝고 나팔소리가 울리자 귀족들과 군대가 집합한다. 왕의 보좌관은 백작 부부에게 추방 명령을 내리고, 신의 가호를 받은 기사를 영주로 임명한다. 하지만 기사는 '브라반트의 수호자'라는 칭호만 받는다.

백조의 기사 동상

얼마 후 궁전에서 교회로 가는 혼례의 행렬이 시작된다. 엘자가 교회 안으로 들어가려는데 백작 부인이 그녀에게 나타나 이름과 신분을 밝히지 않은 저 기사는 악마라고 일러준다. 잠시 후 왕과 기사가 등장할 무렵 백작이 나타나더니 기사가 신을 속이고 있다면서 이름과 출신지를 제대로 밝힐 것을 요구한다. 하지만 기사는 왕에게도 그것을 밝힐 수 없으며, 만약 엘자가 원한다면 그럴 수도 있다고 한다. 엘자가 교회 입구에 섰을 때 백작 부인이 다시 나타나 그녀의 공포심과 의구심을 한층 돋군다.

어쨌든 엘자와 기사는 왕의 축복을 받으며 결혼식을 올린다. 사람들이 모두 나간 다음 단둘이 남게 된 엘자는 이름도 모르는 남편이 된 이 기사의 정체가 너무 궁금했다. 엘자는 그의 신분을 의심하기 시작했고 또 백작 부인의 말이 떠올랐다. 엘자는 그만 맹세를 깨뜨리고 금단의 질문을 하게 된다. 이때 백작이 부하들과 함께 갑자기 습격해 왔다. 그러나 백조의 기사는 즉시 이들을 격퇴했고 백작은 죽고 말았다. 백작이 급습한 이유는 금단의 질문을 하게 되면 신으로부터 받은 기사의 능력이 사라질까 두려웠기 때문이다.

무대는 다시 셸데 강변으로 바뀐다. 나팔소리와 함께 브라반트의 군대가 등장한다.

군대는 국왕을 따라 동방으로 원정을 갈 예정이다. 이때 창백한 얼굴을 한 엘자와 슬픈 표정을 한 기사 일행이 나타난다. 기사는 왕 앞에서 백작을 죽인 이유를 설명하고, 또 엘자가 자기를 온전히 믿지 않았기 때문에 두 사람의 행복은 깨졌다면서, 자신은 이제 떠나지 않으면 안 된다고 말한다. 그리고 마침내 자신의 정체를 밝힌다. 그는 성배聖杯를 지키는 기사의 한 사람으로 파르지팔 왕의 아들라고 말한다. 이제 자기는 성배를 지키는 몬살바트 성으로 돌아가야 하며 하인리히 왕을 따라가지는 못하지만 독일 군대가 헝가리의 침략을 막을 것이라고 예언한다.

그러고는 실신한 엘자를 부축하면서 자기 정체가 밝혀졌기 때문에 신과 통하는 능력을 잃었다면서 이제 빨리 돌아가야 한다고 말한다. 이때 그를 맞으러 앞서 나타났던 백조가 다가온다. 떠나기 전 기사는 엘자에게 동생이 멀지 않아 살아서 돌아올 것이라고 말한다. 이때 백작 부인이 나타나더니 마침내 자기가 이겼다고 좋아한다. 기사를 먼 몬살바트까지 데려가지 않으면 안 될 백조가 엘자의 동생 고트프리트의 저주받은 모습이라고 기뻐한다. 기사가 꿇어 앉아 신에게 기도를 드리자 흰 비둘기가 배에서 내려와 백조의 목에 감긴 쇠사슬을 풀어준다. 그러자 백조는 다시 사람으로 변했다. 어린 영주 고트프리트가 돌아온 것이다. 엘자는 동생을 보고 기뻐하지만 이 광경을 본 백작 부인은 아연실색하더니 그 자리에서 죽어버린다. 기사는 백조 대신 비둘기가 인도하는 작은 배를 타고 멀리 떠난다. 엘자는 멀어져 가는 배를 바라보며 괴로움을 이기지 못하고 숨을 거둔다. 동생

슈반가우에서 본 백조의 성

의 팔에 안긴 채로.

　이 이야기에 등장하는 주인공 백조의 기사가 바로 로엔그린이다. 이 이야기는 중세부터 전해지던 이야기를 바그너가 각색하여 대본을 만들고 오페라 《로엔그린》으로 탄생시켰다. 우리에게 잘 알려진 〈결혼행진곡〉은 바로 로엔그린과 엘자의 결혼식 파티장면에 나오는 합창곡이다. 바그너의 음악에 거부감을 느끼는 유대인들을 제외하고 전 세계에서 이 곡은 신랑 신부가 결혼식장에 입장할 때 울려 퍼지는 축복의 음악으로 사용되고 있다. 하지만 실제 오페라에서 이 곡은 축복이 아니라 곧 닥쳐올 비극을 암시하는 전주곡 같다. 엘자와 로엔그린의 결혼이 금세 파국으로 끝나고 말았으니 말이다.

《로엔그린》에 매료되었던 소년

이 오페라는 1860년 8월 28일 리스트의 지휘로 바이마르 궁정극장에서 초연되어 큰 호응을 얻었고 이어서 빈과 뮌헨을 비롯한 여러 극장에서도 거듭 성공했다. 이 오페라를 처음 보고 완전히 황홀경에 빠진 소년이 있었다. 그는 할아버지의 이름을 그대로 물려받아 루트비히^{Ludwig} 2세라고 불리는 바이에른 공국의 왕자였다. 1864년 19세에 왕위에 오르자마자 그는 바그너를 강력하게 후원하기 시작했다. 당시 빚에 쪼들려 도망치던 신세였던 바

그녀는 왕의 후원 덕분에 완전히 팔자를 고치게 되었다. 루트비히 2세는 나중에 바이로이트에 바그너의 오페라만 공연하는 전용 극장과 또 그를 위해 반프리트 Wahnfried 저택을 지어줄 정도로 아낌없이 지원했다.

　루트비히 2세는 190센티미터의 장신에 기골이 장대했으니 바이에른 국왕으로서는 흠 잡을 데 없는 이미지로 대외적으로 내세울 만했고 유럽 각국에서도 큰 호감을 받았다. 하지만 국왕은 평생 나랏일에는 별로 관심이 없었을 뿐 아니라 총각딱지를 떼고 결혼하여 왕비를 맞는 일에도 전혀 관심이 없었다. 그가 심취했던 것은 오로지 중세 서사시와 같은 문학과 바그너의 오페라였던 것이다.

　그런데 그 외에도 그는 좀 유별난 '취미'를 갖고 있었다. 그것은 아무나 도저히 누릴 수 없는 취미였다. 즉 궁전이나 성을 짓는 것이었다. 그는 그것도 한 채가 아니라 뮌헨 주변에 여러 채를 지었는데 재정이 바닥나면 빚을 끌어와서라도 지었다. 그중에서 슈반가우 산 위에 세운 성은 오페라 《로엔그린》에서 받은 영감을 그대로 현실화한 것이다. 요정들이 사는 동화에서나 나올 듯한 이 환상적인 성이 세워진 곳을 그는 노이슈반슈타인 Neuschwanstein 이라고 불렀다. Neu는 새로운, Schwan은 백조, Stein은 돌이 되니, 문자 그대로 이어보면 신백조암 新白鳥巖 이라고나 할까. 아니 그냥 간단히 '백조의 성'이라고 부르는 게 좋겠다.

루트비히 2세는 1845년 뮌헨 외곽의 뉨펜부르크Nymphenburg 궁에서 태어났다. 뉨펜부르크란 '님프의 궁전'이란 뜻이니, 동화 같은 환경에서 태어났다고나 할까? 어릴 때부터 집 만들기를 좋아했는데 그의 건축에 대한 열정은 사실 할아버지에게서 물려받은 것이다. 루트비히 1세도 건축에 대한 욕망이 매우 강했기 때문에 왕위에 오르기 전부터 뮌헨을 고전적 품위가 넘치는 도시로 탈바꿈시키기 시작했고, 그의 아들 막시밀리안 2세는 북부 유럽의 건축, 특히 영국의 네오고딕식 건축에 애착을 가지고 이를 뮌헨에 이식시켰다. 그런데 루트비히 2세는 조부와 부친과는 달리 뮌헨에 거주하는 것조차 꺼려했고 공공건축이 아니라 오로지 자기만의 건축을 위해 뮌헨에서 떨어진 한적한 자연 속에 꿈같은 궁전과 성을 세웠다.

그는 방대한 로마제국의 영토를 샅샅이 여행했던 하드리아누스 황제와는 달리, 외국 여행이라곤 프랑스의 파리에 갔다 온 정도밖에 없고 이탈리아나 그리스에는 근처에도 가본 적이 없다. 하지만 문헌을 통하여 고전건축의 양식을 깊이 이해하고 있었다. 이런 박식하고 까다로운 왕의 요구를 제대로 따라 줄 건축가가 그의 주변에 몇 명이나 있었을까? 사실 왕은 하드리아누스 황제처럼 직접 건축을 구상했고 건축가와 예술가들에게는 세세한 부분까지 이래라 저래라 했다. 그러고 보면 그는 건축가나 화가나 조각가들을 하수인 정도로 여겼던 것 같다.

황금알을 낳는 백조

1884년 린더호프 성이 완성되고 노이슈반슈타인 성과 헤렌킴제 성이 공사 중일 때 루트비히 2세는 그것도 모자라 또 다른 성을 세울 구상을 했다. 하지만 재정파탄이 임박하자 바이에른 공국의 대신들은 유명한 정신과 교수 폰 구덴B. von Gudden에게 왕의 정신 검사를 의뢰했다. 폰 구덴은 왕을 직접 검진해 보지도 않고 하인들과 정적들로부터 주워들은 '~카더라'를 근거로 하여 그를 과대망상 정신분열증 환자로 진단했다.

 이리하여 1886년 6월 10일, 루트비히 2세는 정신병을 앓고 있기 때문에 국정을 돌볼 수 없다는 이유로 공식적으로 강제 퇴위당했다. 이제 그의 삼촌 루이트폴트Luitpold가 왕위에 올랐다. 루트비히 2세는 뮌헨 남쪽의 슈탄베르크 호숫가 베르크 성에 감금되어 폰 구덴의 감독을 받게 되었다. 그런데 불과 며칠 사이에 그의 삶은 비극으로 끝나고 말았다. 6월 13일 밤 그가 호수에 빠져 죽은 채로 발견된 것이다. 그뿐만 아니라 그를 가까이에서 감독하던 의사도 익사체로 발견되었다. 루트비히 왕은 살해당했던 것일까 아니면 호수에 뛰어들어 자살을 했던 것이었을까? 의사 구덴은 왜 죽은 것일까? 왕이 살해당했다면 그것을 목격했기 때문에 자객들로부터 살해당한 것이었을까? 아니면 의사는 물에 뛰어든 왕을 구하려다 함께 죽은 것일까? 그들의 죽음에 관해서는

루트비히 2세의 '백조의 노래'인 고고한 모습의 백조의 성

석연치 않은 부분이 많고 아직도 명확히 해명되지 않았다.

배를 타고 멀리 떠나는 사랑하는 로엔그린을 바라보며 숨을 거둔 엘자처럼, 루트비히 2세도 그토록 아끼던 백조의 성에 대한 미련을 버리지 못하고 숨을 거두었으리라.

평소에 그는 자신이 죽으면 백조의 성을 파괴하라고 했다. 하지만 그의 소원은 받아들여지지 않았다. 백조는 죽기 직전에 아름다운 노래를 부른다고 하여 예술의 신 아폴로에게 바쳐진 새다. 어쩌면 백조의 성은 루트비히 2세의 '백조의 노래'였을까? 오페라 《로엔그린》에서 〈결혼행진곡〉이 파국의 전조가 되었던 것처럼 백조의 성 때문에 그는 결국 파멸을 맞았다. 하지만 백조의 성 덕택에 매년 150만 명이 넘는 관광객들이 이곳으로 몰려오니, 국가 재정을 파탄으로 몰아넣었던 '미운 오리새끼'가 지금은 '황금알을 낳는 백조'가 된 셈이다. §

2
유럽의
다리 위에서

이탈리아 | 피렌체 | 폰테 베키오
푸치니 | 오페라 《잔니 스키키》 중
〈오, 사랑하는 나의 아버지〉

영국 | 런던 | 밀레니엄 브리지
헨델 | 수상음악

스위스 | 루체른 | 카펠브뤼케
베토벤 | 피아노 소나타 27번 〈월광〉 중에서 1악장

헝가리 | 부다페스트 | 세체니 다리
리스트 | 헝가리 광시곡 중에서 15번 〈라코치 행진곡〉

체코 | 프라하 | 카를 다리
스메타나 | 《나의 조국》 중에서 〈블타바 강〉

■ 이탈리아 | 피렌체 | 폰테 벡키오
💬 푸치니(1858-1924) | 오페라 《잔니 스킥키》 중
〈오, 사랑하는 나의 아버지〉

아르노 강물따라 흐르는 애절한 선율

미켈란젤로 광장에 올라서서 피렌체를 내려다본다. 토스카나의 부드러운 능선을 이룬 푸른 언덕은 붉은 색으로 통일된 도시의 색조와 대비되면서 생기를 불어넣는다. 아르노 강은 대지를 적시면서 서쪽으로 흐른다.

나의 시선은 폰테 벡키오 Ponte Vecchio 로 향한다. 황혼에 물든 아르노 강물을 따라 〈오 사랑하는 나의 아버지 O mio babbino caro 〉의 감미롭고 애틋한 선율이 흐르는 듯하다.

이 곡만큼 피렌체의 분위기를 아련하게 전하는 음악이 있을까? 이 곡의 선율을 들으면 마치 멀리 있는 아버지나, 하늘나라로 떠난 아버지를 애틋하게 그리워하는 것 같은 느낌이 든다.

이탈리아어 가사는 다음과 같다.

페라가모 호텔 테라스에서 내려다본 폰테 벡키오

O mio babbino caro,
mi piace; è bello, bello;
vo'andare in Porta Rossa
a comperar l'anello!
Sì, sì, ci voglio andare!

e se l'amassi indarno,
andrei sul Ponte Vecchio,
ma per buttarmi in Arno!
Mi struggo e mi tormento!
O Dio, vorrei morir!
Babbo, pietà, pietà!

이 가사를 직역해 보면 다음과 같다.

오, 나의 사랑하는 아빠.
난 그이가 좋아요. 그이는 멋져요, 멋져.
난 포르타 로사 성문에 가고 싶어요.
(결혼) 반지 사러 말예요!
정말이에요, 정말로 거기에 가고 싶어요!

만약 내가 그이를 헛되이 사랑하고 있다면
폰테 벡키오로 갈 거예요.
아르노 강물에 뛰어들려고 말예요!

난 초조하고 괴로워요!
오 하나님, 죽고 싶어요!
아빠, 제발, 제발!

실제 가사의 내용을 살펴보면 선율이 주는 애절한 느낌과는 딴판이다. 아버지를 그리워하는 내용이라고는 한마디도 없고 멋진 그 남자와 결혼을 못하게 되면 폰테 벡키오로 가서 아르노 강에 몸을 던지겠다고 아빠에게 떼를 쓰며 '위협'하고 있을 뿐이다. 이 노래에서 언급되는 폰테 벡키오는 어떤 곳일까?

유서 깊은 다리 폰테 벡키오

폰테 벡키오는 '오래된 vecchio 다리 ponte'라는 뜻이니 한자로 표기한다면 '구교舊橋'가 되겠는데, 이것을 '베키오 다리'라고 하는 것은 아주 어색하다. 어쨌든 피렌체에서 가장 오래된 이 다리는 그 형태가 아주 특이하다. 단순히 강의 양안을 연결하는 기능만 있는 것이 아니라, 상가도 갖추고 있는데다가 구름다리 같은 통로가 동쪽 상가 위로 지나가는 복합 기능의 구조물이다. 다리 양쪽에 늘어선 상가는 현재 몇 개를 제외하고는 모두 금은방이다. 금은방 진열장을 구경하면서 걷다 보면 다리 위에 있다는 사실을 깜빡 잊게 된다.

아르노 강의 구심점을 이루는 폰테 벡키오.

    도대체 얼마나 오래되었기에 '오래된 다리'라고 부르는 것일까? 이 다리의 기원은 2천 년 전 로마제국 시대까지 거슬러 올라간다. 중세에 여러 번 개축된 다음 지금과 같은 모습을 갖추게 된 것은 1565년 메디치 가문의 의뢰를 받은 조르지오 바자리 Giorgio Vasari 의 설계에 의한다.

    이 다리 한가운데에는 아르노 강을 조망할 수 있도록 동쪽과 서쪽으로 시야가 트여 있다. 아르노 강은 거울처럼 다리의 모습을 그대로 비추며 조용히 흐른다. 다리 한가운데 아르노 강의 서쪽을 조망하는 곳에는 르네상스 시대에 예술가로 이름을 떨쳤던 벤베누토 첼리니 Benvenuto Cellini 1500-1571 의 흉상이 다리의 주인이라도 되는 듯 세워져 있다. 피렌체 태생이었던 그는 조각가이자 금세공 예술가로 유명했던 인물이었으니 보석상이 늘어선 이곳의 명품 분위기에 한층 격조를 더한다.

벤베누토 첼리니가 자신을 삶을 뒤돌아보며 쓴 자서전을 보니 '피렌체'라는 도시 이름은 기원전 1세기에 율리우스 카이사르가 붙인 것이라고 한다. 로마군 병영이 있던 아르노 강변에 꽃이 만발했기 때문에 율리우스 카이사르가 이곳을 '꽃피는 곳'이란 뜻으로 플로렌티아 Florentia 라고 불렀다는 것이다. '플로렌티아'는 프랑스어와 영어로는 Florence로 표기되며 각각 '플로랑스', '플로렌스'라고 발음된다. 현대 이탈리아어로는 'Firenze'로 표기하고 '피렌쩨'에 가깝게 발음한다.

이 다리는 단테의 애절한 사랑의 추억이 어려 있는 곳이기도 하다. 단테는 아홉 살 때 한 살 어린 베아트리체를 처음 보고 그만 마음이 사로잡히게 된다. 그는 10년 후에 이 다리 근처에서 그녀와 다시 마주쳤다고 한다. 하지만 두 사람은 이승에서 다시 만날 운명은 아니었던 모양이다. 부유한 바르디 은행 가문의 남자와 결혼한 베아트리체는 24세라는 꽃다운 나이에 절명하고 말았으니.

르네상스 시대의 조각가이자 금세공 예술가 벤베누토 첼리니의 흉상

사기꾼 잔니 스킥키의 이야기로 만든 오페라

피렌체는 12세기 초반에 도시국가의 면모를 갖추고 세력을 크게 확장했고 13세기에는 경제적으로 크게 발전하면서 문화의 중심지가 될 바탕을 다져 나갔다. 하지만 피렌체는 교황 지지파와 신성로마제국 황제 지지파로 분열되었고, 주도권을 잡은 교황파는 다시 내분에 휩싸였다. 황제파였던 단테는 피렌체에서 추방되어 오랜 유랑 생활 끝에 라벤나에서 숨을 거두었다. 그가 유배지에서 베아트리체를 추억하면서 쓴 방대한 서사시는 후세에 《신곡》이라고 불린다. 이 작품은 라틴어가 아니라 대중적인 피렌체 방언으로 쓰였기 때문에 피렌체 방언이 이탈리아 표준어로 굳어지는 계기가 되었다.

한편 단테는 반대파의 정치가, 성직자, 악명 높은 범죄자들을 모두 《신곡》의 〈지옥편〉에 던져 넣어버렸다. 〈지옥편〉에는 잔니 스킥키 Gianni Schicchi 에 대해서 몇 줄 언급되는데, 그는 남의 유산을 교묘하게 가로챈 희대의 사기꾼이었다.

그의 사기행각을 소재로 한 오페라 《잔니 스킥키는》는 비극적인 오페라만 작곡했던 푸치니가 쓴 유일한 희극 오페라로 음악과 극의 짜임새가 절묘하다. 이 오페라의 핵심을 이루는 아리아 〈오 나의 사랑하는 아버지〉는 가사의 내용이 어떻든 간에 어쨌든 가장 아름다운 오페라 아리아 중의 하나로 손꼽힌다. 그런

미켈란젤로 광장에서 내려다본 안개 낀 피렌체 전경

보석상 거리가 있는 폰테 벡키오.
멀리 피렌체 두오모 산타 마리아 델 피오레 대성당의 쿠폴라가 보인다.

데 이 오페라는 공연시간이 1시간 정도로 짧고 등장인물도 많지 않기 때문에 무대에 올리기 쉬울 것 같지만, 사실은 그리 만만한 작품은 아니다. 사실 이 오페라는 성격이 다른 등장인물들을 어떻게 부각시키느냐에 따라 그 맛이 크게 달라지기 때문에 연출가의 뛰어난 역량과 감각이 요구된다. 또한 당시 피렌체의 풍습과 역사에 대한 이해가 우선되어야 한다.

이 오페라의 공간적 배경은 피렌체이고 시간적 배경은 단테가 살던 시대이다. 더 정확히 말하자면 1299년 9월이다. 새로운 세기가 열리는 1300년대를 바로 앞둔 시기이니까 중세를 마감하고 곧 다가올 르네상스 시대를 기다리는 시점인 셈이다. 연대를 따지고 보면, 메디치 가문이 역사에 등장하기 훨씬 이전의 일이고 폰테 베키오가 오늘날 우리가 보는 모습으로 개축되기 훨씬 이전의 일이다.

그런데 〈오, 사랑하는 나의 아버지〉의 선율에 귀를 기울일 때는 이런 시대 차이쯤은 좀 무시하고 싶다. 현재 폰테 베키오의 모습과 따로 떼어 놓고 생각하고 싶지는 않아서 그렇다. 이탈리아어 가사의 내용도 좀 무시하고 싶다. 그 아름답고 애절한 선율을 아름답고 애절하게 받아들이고 싶어서 그렇다. 아는 것이 힘이 될 때도 많지만 모르는 게 약이 될 때도 많으니 말이다. §

■ 영국 | 런던 | 밀레니엄 브리지
❞ 헨델(1685-1759) | 수상음악

음악이 흐르는 템즈 강의 뱃놀이와 숫자놀이

밀레니엄 브리지 위에 서서 다리 밑으로 오가는 유람선들과 템즈 강변을 유심히 살펴본다. 이탈리아에서 오래 생활한 나는 이탈리아 사람의 관점으로 다른 도시들을 볼 때가 많다. 템즈 강변의 건물들을 보면 우후죽순처럼 제멋대로 세워져 있다. 오죽하면 이탈리아를 자주 찾는 찰스 황태자도 런던의 모습에 대해 불평을 토로할까. 그러나 겉보기에 볼품없더라도 정이 들면 얘기가 달라진다. 사실 주한 이탈리아나 프랑스 외교관들과 얘기를 나누어 보면 서울의 첫인상은 흉측하다고까지 말한다. 하지만 6개월 정도 있다 보면 활기 넘치는 서울이 그렇게 좋을 수 없다고 한다. 그런 관점으로 보면 런던도 마찬가지다. 런던은 다른 유럽 도시에는 없는 엄청난 활기가 느껴지는 대도시니까.

런던 아이, 영국의회의사당과 시계탑 빅벤이 보이는 템즈 강의 풍경

밀레니엄 브리지 아래에서 본 세인트 폴 대성당

런던에서 유럽의 고풍스러움이나 깊은 멋을 별로 느낄 수 없는 이유는 2차 세계대전 중 독일의 공습으로 옛 시가지가 워낙 많이 파괴되었기 때문이기도 하다. 하지만 이를 만회하듯 기상천외하고 특이한 디자인의 건축물들이 런던 중심가에 속속 세워지고 있다. 그중에서 내가 매우 흥미롭게 여기는 것은 영국의 세계적인 건축가 노만 포스터가 주축이 되어 설계한 밀레니엄 브리지다. 이 다리는 문자 그대로 새천년을 맞는 것을 기념하여 템즈 강 위에 세운 다리로 오로지 보행자용이다. 마치 날아갈 듯 가볍고 날렵해 보이는 이 다리는 템즈 강 남쪽의 테이트 모던 갤러리와 북쪽의 세인트 폴 대성당 St. Paul's Cathedral 을 연결한다.

　세인트 폴 대성당은 런던의 구심점을 이루고 있다. 이 웅장한 성당은 1669년에 건축가 크리스토퍼 렌 C. Wren 경에 의하여 처음 설계가 시작된 지 40여 년이 지나서 앤 여왕이 통치하던 1711년 크리스마스에 영국 의회가 성당의 완공을 공식 선언했다. 이 성당의 높이가 365피트인 것을 보니 당시 교회가 영국인들의 모든 생활규범을 정하던 시기였음을 고려해 보건데, 1년 365일에 꼭 맞아 떨어지도록 설계했던 것 같다. 또한 365피트를 미터로 환산하면 공교롭게도 111미터이다. 기독교에서 1은 시작을 의미한다. 1이 세 번 있으니 삼위일체의 의미와도 맞아 떨어진다. (미터법은 한참 후 프랑스에서 1790년에 만들어졌지만) 우연의 일치 치고는 참 신기한 일이다.

런던 땅을 밟은 젊은 헨델

세인트 폴 대성당이 완공되기 꼭 1년 반 전, 1710년 6월 독일 하노버에서 25세의 헨델이 휴가차 런던에 왔다. 아론 힐이라는 런던의 사업가는 그가 런던 땅을 밟자마자 오페라 작곡을 의뢰했다. 헨델은 불과 2주 만에 오페라 《리날도》를 완성하는데 여기에 유명한 아리아 〈나를 울게 하소서 Lascia che io pianga〉가 나온다.

바흐와 헨델은 서양음악의 새로운 시대를 개척한 인물들이다. 두 사람은 같은 해 1685년에 독일 중북부에서 태어났다. 바흐는 독일 국경 밖을 넘어 본 적이 없지만 헨델은 역마살이라도 낀 듯 유럽 여러 곳을 돌아다니며 명성을 쌓았다. 헨델은 오르간과 하프시코드 연주의 대가로 20대 초반에 이탈리아 음악을 터득하기 위해 이탈리아로 향했고 베네치아에서는 오페라 작곡가로서 크게 명성을 얻었다. 이러한 유명세에 힘입은 그는 독일 하노버 선제후의 궁정으로 초빙되었다. 그런데 여러 나라로 돌아다니는 것을 좋아했던 그는 하노버의 분위기가 따분했던지 그곳에 오랫동안 머물 생각은 추호도 없었고 오래전부터 동경하던 영국행을 꿈꾸고 있었다. 그리하여 얼마동안은 하노버에 머물러 있다가 마침내 휴가를 얻어서 런던으로 왔던 것이다.

헨델이 오페라 《리날도》를 지휘하여 크게 성공을 거두자 차츰 영국 상류사회에도 알려지게 되었다. 뿐만 아니라 음악을 좋아하여 하프시코드를 즐겨 연주하던 앤 여왕은 개인레슨을 받기 위해 그를 궁중으로 불러들였다. 헨델은 영국 여왕까지 가르치게 되었으니 짧은 휴가기간 동안 엄청난 유명인사가 되었다. 그러니 런던 휴가를 마치고 다시 하노버에 돌아갈 때 그의 발길은 무척 무거웠을 것이다. 하노버에 돌아간 그는 런던의 달콤함을 잊을 수 없었는지 또다시 휴가를 신청하고는 런던으로 향했다. 하노버의 선제후 게오르크 루트비히는 궁정악장 직무를 소홀히 하는 헨델을 아주 괘씸하게 생각했을 것이다.

런던 땅을 다시 밟은 헨델은 영국의 궁정과 귀족들의 환대를 받았다. 게다가 외국인임에도 불구하고 이 무렵 영국과 프랑스 루이 14세와의 사이에 맺어졌던 위트레흐트 강화조약을 축하하여 〈위트레흐트의 테데움〉의 작곡까지 의뢰 받았고, 앤 여왕의 총애를 받아 왕실 음악가가 되었으니 그의 주가는 하늘 높이 치솟았다. 그는 이제 하노버 궁정 따위는 아예 완전히 무시해버려도 된다고 생각했을지 모른다. 그런데 1714년 앤 여왕이 갑자기 세상을 떠났다. 이어서 청천벽력 같은 일이 또 닥쳤다. 하필이면 앤 여왕 뒤를 이어 영국의 왕위에 오른 인물이 다름 아닌 하노버의 선제후 게오르크 루트비히가 아닌가? 그가 영국왕위를 계승한 것은 후계자가 없던 앤 여왕에게 제일 가까운 친척이었기 때문이다. 헨델은 입장이 아주 난처해졌다. 〈수상음악 Water Music〉에 관련된 일화는 이러한 상황에서 나왔다.

〈수상음악〉 일화

선제후 게오르크 루트비히는 독일식 게오르크Georg를 영어식으로 고쳐 조지George 1세라는 이름으로 영국의 왕으로 즉위했다. 어느 날 그의 신하 킬만젝 남작은 왕을 즐겁게 해주기 위하여 템즈 강 뱃놀이를 기획했다. 남작은 헨델과도 매우 친했기 때문에 곤란한 처지에 빠진 그를 이 기회에 도와주고 싶었던 모양이다.

드디어 세인트 폴 대성당이 보이는 템즈 위로 왕이 탄 화려한 큰 배를 중심으로 여러 척의 배들이 떴다. 왕은 강변 풍경을 감상하면서 템즈 강을 유람하는데 어느 순간 가까이 있는 배에서 아주 낭랑한 음악이 울려 퍼졌다. 50명이 연주하는 관현악이 말로 표현할 수 없는 정취를 자아내자 이에 감격한 왕은 킬만젝 남작에게 물었다.

"누가 이렇게 아름다운 음악을 작곡했는가?"

"음… 헨델입니다. 헨델은 폐하와의 약속을 어긴 것을 심히 후회하고 있습니다. 오늘 뱃놀이 행사를 듣고 폐하께 드리고자 새로운 곡을 만들어 연주하고 있습니다. 폐하께서 그의 잘못을 용서해 주실 것을 청원드립니다."

그러자 왕은 잠시 생각하다가 조용히 말했다.

"그럼 헨델을 데려와 주게나."

헨델이 다가와 인사하자 왕은 미소 띤 얼굴로 말했다.

세인트 폴 대성당 앞에 세워진 앤 여왕 석상. 앤 여왕은 젊은 헨델을 후원했다.

테이트 모던 갤러리에서 내려다본 밀레니엄 브리지와 세인트 폴 대성당

보행자 전용의 밀레니엄 브리지

"하노버에서 자네를 잃었는데 런던에서 자네를 되찾게 되어 대단히 기쁘구나."

그러고는 그의 잘못을 용서해줬을 뿐 아니라 이전보다 훨씬 더 우대했다고 한다.

재미있는 숫자놀이

이 에피소드는 그럴 듯하게 들리지만 사실은 지어낸 이야기다. 연도를 따져보면 앞뒤가 맞지 않기 때문이다. 1714년 새 국왕 조지 1세의 대관식 축하행사로 헨델의 오페라 〈리날도〉가 공연되었을 때 왕도 친히 참석했다. 왕은 헨델이 의리를 지키지 않았다고 보복하는 그런 쫀쫀한 인물은 아니었던 것이다. 그리고 〈수상음악〉이 템즈 강 위에서 처음 연주된 것은 왕이 즉위한 지 3년이 지나서였다. 정확히 말하자면 1717년 7월 17일이었다.

〈수상음악〉은 3개의 모음곡으로 구성되어 있는 매우 긴 곡이고 연주 시간도 1시간은 족히 걸린다. 당시 조지 1세는 이 음악을 듣고 매우 흡족하여 세 번씩이나 연주하게 했다. 국왕이 이 곡을 좋아한 것까지는 좋았는데 헨델과 연주자들은 세 시간이 넘게 연주해야 했으니 다들 녹초가 되었을 것이다. 어쨌든 조지 1세는 수상음악회의 공적을 높이 평가하고 헨델의 급료를 두 배로 올려 주었다.

앗, 그런데 〈수상음악〉 초연 날짜를 살펴보니 뭔가 신기하다. 이 날짜를 영국식으로 쓰면 July 17, 1717, 즉 7월 17일 1717년인데 이것을 숫자로 나열하면 7171717이 아닌가? 7은 길조의 상징이고 1은 시작을 상징하니 조지 1세를 의미하는 것도 된다.

밀레니엄 브리지 위에 서서, 300년 전 바로 이 다리가 세워진 지점 템즈 강 위에서 울려 퍼지던 헨델의 음악을 떠올려보면서, 이 주변에 꽁꽁 숨겨진 듯한 수수께끼 같은 숫자들도 다시 한 번 하나씩 다시 음미해 본다. 2000, 365, 111, 50, 7171717…. 그러고 보니 참 기억하기 쉽다. §

■ 스위스 | 루체른 | 카펠브뤼케
베토벤(1770-1827) | 피아노 소나타 Op.27 No. 2
〈월광〉의 1 악장 아다지오 소스테누토

루체른 호수 위에 어리는 불멸의 선율

지구상에 '스위스'란 나라는 없다. 우리가 '스위스'라고 부르는 나라는 일본의 표기를 그대로 빌려온 것이다. 스위스Swiss는 영어로 '스위스의' 라는 형용사다. 스위스의 국명은 독일식, 프랑스식, 이탈리아식으로 각각 Schweiz, Suisse, Svizzera이며, 영어로는 Switzerland로 표기된다. 고대 로마인들은 이곳을 헬베티아Helvetia라고 불렀다. 스위스는 26개의 칸톤Canton이라는 작은 주州로 이루어진 연방국이다. 그래서 헬베티아 연방Confederatio Helvetica이란 뜻으로 스위스 국명은 CH라는 약자로도 표기된다.

  스위스는 19세기 영국 사람들이 처음 관광하기 시작한 이래로 세계적인 관광지로 각광받기 시작했는데 스위스에서도 최고의 절경을 자랑하는 곳이 바로 루체른 주변이다. 루체른은 인

지붕이 있어서 복도를 걷는 듯한 느낌을 주는 카펠브뤼케 다리

구가 10만 명이 넘지 않는 작은 도시로, 시내는 모두 걸어서 다닐 수 있으니 인간의 척도에 맞는 매우 이상적인 도시다. 루체른은 로이스Reuss 강변과 피어발트슈태터제Vierwaldstättersee 호숫가에 자리 잡고 있는데, 이 호수는 보통 '루체른 호수'라고 불린다.

호수와 더불어 루체른의 남쪽에 있는 해발 2120미터 필라투스Pilatus 산과 동쪽에 있는 해발 1800미터의 리기Rigi 산은 전 세계의 관광객들을 유혹한다. 필라투스는 예수 그리스도의 처형을 반대하지 않은 빌라도 총독의 라틴어 본명이다. 빌라도의 망령이 떠돌아다니다가 이곳에 정착했다는 전설이 있는 일명 '악마의 산'인데, 산세가 워낙 험준해서 붙여진 이름이다. '리기' 산의 이름은 '(산의) 여왕'이란 뜻으로 라틴어로 레기나Regina라고 부른데서 유래한다. 베버, 멘델스존, 빅토르 위고 등 19세기 음악가와 문인들을 비롯해 빅토리아 여왕도 이 산에 올라서서 루체른 주변의 절경을 보고 감탄했다고 한다. 당시 많은 관광객들이 이 산으로 몰려들었기 때문에 1871년에는 유럽 최초의 등산철도가 개통되었다.

한편 바그너는 루체른 교외 트립셴Triebschen에서 1866년에서 1872년 동안 여러 번 체류하면서 창작에 몰두했다. 그의 걸작 오페라 〈트리스탄과 이졸데〉와 〈신들의 황혼〉은 바로 루체른 체류 기간에 완성된 것이다.

루체른은 아름다운 자연환경이 잘 보존된 그림 같은 도시다. 게다가 전쟁의 상흔이 스친 적이 없었기 때문에 게르만적인 옛 모습을 고스란히 간직하고 있다. 즉 고딕양식에서 르네상스, 바로크, 로코코를 거쳐, 19세기 양식에 이르기까지 게르만의 도시 형태가 기적에 가까울 정도로 그대로 보존되어 있는 것이다.

특이한 목조 다리 카펠브뤼케

해질 무렵 목조 다리 카펠브뤼케Kapellbrücke 위를 걸어본다. 약 200미터 길이의 이 다리는 로이스 강 양쪽을 비스듬히 연결한다. 루체른의 도시 풍경에서 구심점을 이루는 것은 바로 이 특이한 모양의 목조 다리와 강에서 솟아오른 듯한 바써투름Wasserturm이라는, 지붕이 있는 팔각형의 돌탑이다. 높이 43미터의 수직으로 솟은 바써투름은 옛날에 감시탑이자 고문이 행하여지는 감옥으로 사용되었다고 하는데, 수평선이 강조된 카펠브뤼케와 균형을 이루며 전체적으로 일체감을 준다.

　카펠브뤼케는 강과 호수의 경계점에 세워진 다리로, 지붕이 있어서 다리 위라기보다 마치 실내 복도를 걷는 것 같은 느낌을 준다. 이 다리의 기원은 1300년대로 거슬러 올라간다고 하니 지붕이 있는 목조 다리로는 유럽 최초인 셈이다. 지금의 다리는 1993년 화재로 인해 상당 부분을 다시 복원한 것이지만 그래도 깊은 연륜이 느껴진다.

리기 산에서 내려다본 루체른 호수

카펠브뤼케에서 본 로이스 강변

다리 위를 걷는데 난간에 서서 호수를 바라보고 있는 50대 중반쯤 되는 남자가 눈에 띈다. 그가 들고 있는 악보는 많이 구겨져 있다. 그의 모습을 좀 더 묘사하자면, 키는 나지막하고 머리는 광풍에 흩날린 듯하고, 얼굴표정은 험준한 산세를 연상케 하며, 그의 눈빛은 훨훨 타오르는 불과 같은데 그 속에는 이상하게도 뭐라고 말할 수 없는 우수憂愁가 흐르는 듯하다. 그의 시선은 호수 쪽으로 고정되어 있다. 호수 위를 떠다니는 백조를 지켜보는 것일까? 아니면 멀리 보이는 작은 배들을 지켜보는 것일까? 아니면 더 멀리 동쪽 산 위로 구름을 헤치고 서서히 떠오르는 달을 지켜보는 것일까?

카펠브뤼케를 지나 내가 머물고 있는 호텔로 올라가면서도 나는 다리 위에 우두커니 서 있는 그의 모습을 자꾸 뒤돌아보곤 했다.

건반에서 울려나오는 영혼의 소리

담백한 장식의 호텔 로비에서도 루체른 호수가 내려다보인다. 멀리 리기 산도 보인다. 해가 지고 어둠이 내려 리기 산을 휘감기 시작하자 희미하던 달빛이 밝게 비춘다. 창가에 놓인 피아노가 달밤의 정취를 돋운다. 영롱한 달빛이 호수 위에 비칠 때쯤 피아노 건반을 물끄러미 지켜본다. 카펠브뤼케에서 보았던 그 남자의 모습을 떠올려보면서 상상의 세계에 잠겨본다.

그는 피아노에 앉는다. 눈을 감고 고개를 약간 위로 든 그의 얼굴은 마치 고귀한 영혼과 대화하려는 듯하다.

건반 위에서 천천히 움직이는 그의 손가락에서 귀에 익은 선율이 은은하게 울려나온다. 베토벤 피아노 소나타 Op.27 No.2의 첫 악장 〈아다지오 소스테누토 Adagio sostenuto〉다. 피아노 소리가 로비를 울리자 로비에 앉은 사람들은 말을 멈추고 그의 연주에 귀를 기울인다.

음이 길게 이어지다가 사라질 때쯤 해서 다시 이어지는 저음부의 선율은 뭐라고 콕 집어 말할 수 없는 우수를 담고 있어서 엄숙하기까지 하다. 달빛처럼 영롱하면서 고요하게 무한히 퍼져나가는 느린 아르페지오는 마음속 깊은 곳에서 우러나오는 조용한 탄식 소리로 들린다. 하지만 그 우수에 젖은 듯한 탄식소리는 승화된 영혼의 울림으로 들린다.

피아노 소리는 마음속 깊은 곳까지 다다를 듯한 저음의 여운을 남기고 사라지고 있다. 이제 험준한 산에 휘몰아치는 폭풍같이 격정적인 2, 3악장이 기다려진다. 하지만 그는 조용히 눈을 뜨고는 연주를 멈추고 일어선다. 호텔 로비에 앉아 숨죽이며 그의 음악에 귀를 기울이던 사람들은 모두 뜨거운 박수를 보낸다. 그런데 그는 박수 소리가 전혀 들리지 않는 듯 돌아보지도 않는다. 다만 무표정한 얼굴로 창밖으로 눈을 돌린 채 루체른 호수 위에 영롱하게 어리는 달빛만 물끄러미 내려다보며 깊은 생각에 잠겨있을 뿐이다. 희미한 옛사랑의 그림자가 호수에 아른거리는 것일까?

연모하던 소녀에게 바친 불멸의 선율

피아노 소나타 Op.27 No.2는 베토벤이 31세이던 해인 1801년에 작곡하여 그가 연모하던 줄리엣타 구잇차르디 Giulietta Guicciardi 에게 헌정한 곡이다. 그런데 베토벤은 평생 결혼을 하지 않고 독신으로 살았다. 결혼을 하기 싫어서가 아니라 이룰 수 없는 사랑 때문이었다.

18세기에서 19세기로 넘어가던 무렵, 베토벤은 오스트리아 빈에서 브룬스빅 Brunsvik 이라는 헝가리 출신 귀족 가문의 피아노 가정교사로 있었다. 그는 테레제, 요제피네, 샤를로트 세 자매와 그들의 외사촌인 줄리엣타를 가르쳤는데, 그중에서 베토벤의 마음을 사로잡은 아가씨는 17세의 줄리엣타였다. 베토벤은 친구 베겔러에게 보낸 편지에서 다음과 같이 고백하고 있다.

"아리따운 아가씨 하나가 나를 사랑하고 있다네. 나도 그녀를 사랑한다네. 그녀와 결혼하면 행복해질 거라는 생각이 드네. 이런 생각을 해보는 것은 난생 처음이라네. 그런데 불행히도 나는 여건이 되지가 않네."

루체른 호수와 로이스 강의 경계에 세워진 목조 다리 카펠브뤼케

여건이 되지 않는다는 말은 사회적 신분이 아주 달랐다는 말이다.

한편 줄리엣타는 사촌 언니 테레제에게 보낸 편지에서 "갈렌베르크 공과 약혼을 파기하고 못생긴 베토벤과 결혼하고 싶어. 그가 정말 마음에 들거든. 단 그와 함께 있음으로써 내 신분이 낮아지지만 않는다면 말이야." 라고 썼다. 평등을 부르짖었던 프랑스 혁명과는 동떨어진 빈의 사회 분위기를 엿볼 수 있다. 결국 그녀는 음악을 좋아하는 20세의 미남 귀족 갈렌베르크와 결혼하여 나폴리로 이주해 버리고 말았다.

베토벤은 이루어질 수 없는 사랑에서 받은 마음의 상처에다가 설상가상으로 귓병이 더욱 심해짐에 따라 우울하고 암울한 나날을 보내다가 1802년 가을, 빈 근교 하일리겐슈타트에서 비장한 유서를 쓰게 된다. 그러나 베토벤은 인생에서 최악의 순간을 이겨내고 다시 일어섰다.

베토벤은 4개의 피아노 소나타 작품 22, 26, 27(no.1과 no.2), 28번을 1802년 빈에서 출판했다. 피아노 소나타 22번과 28번은 전통적인 구성으로 되어 있는 반면, 나머지 소나타들은 전통에서 벗어난 참신한 작품들이다. 특히 작품 27번 no.2의 1악장은 피아노의 음향을 완전히 새롭게 하는 이정표적인 작품이다. 마치 카펠브뤼케가 강물이 막 호수로 흘러 들어가는 것을 알려주는 이정표와 같은 다리인 것처럼.

베를린 출신의 낭만시인이자 음악평론가면서 슈베르트의 〈세레나데〉의 작사자이기도 한 루트비히 렐슈탑Ludwig Rellstab은 나중에 이 곡을 〈월광 소나타Mondschein-Sonate〉라고 불렀다. 1악장이 루체른 호수 위에 비치는 달빛을 받은 작은 배를 연상한다고 해서. 물론 베토벤은 루체른에 와 본 적도 없고 자신이 쓴 소나타가 나중에 그렇게 불릴 줄은 더더욱 몰랐지만 이 소나타는 시대와 국경을 뛰어넘는 불멸의 명곡으로 살아 있다. 과연 줄리엣타가 이런 엄청난 곡을 헌정 받을 만한 인물이었을까? 글쎄. 베토벤의 전기 작가 로맹 롤랑은 그녀를 이기주의자이며 행실이 정숙하지 못한 여인으로 묘사했다는데.§

■ 헝가리 | 부다페스트 | 세체니 다리
리스트(1811-1886) | 헝가리 광시곡 15번 〈라코치 행진곡〉

도나우 강의
진주를 위한 행진곡

부다Buda의 언덕에 섰다. 머나먼 곳으로 흘러가는 도나우Donau 강을 물끄러미 내려다본다. 이 강은 독일 남부에서 시작하여, 오스트리아, 체코, 슬로바키아, 헝가리, 유고슬라비아, 루마니아 등 자그마치 일곱 개의 나라를 거쳐 흑해로 흘러가는 아주 긴 강이다. 고대 로마인들은 이 강을 다누비움Danubium이라고 불렀다. 그래서 영어권에서는 다뉴브Danube라고 한다. 헝가리에서는 이 강을 두너Duna라고 부른다.

    도시에서 강의 아름다움은 강변에 세워지는 건물들과 강 위에 세워지는 다리의 모양에 따라 결정된다고 해도 과언이 아니다. 도나우 강에서 시각의 초점을 이루는 다리는 세체니 다리이다. 이 다리는 19세기 중반 유럽의 앞선 구조역학과 교량건설 기

리스트 음악원에 세워진 리스트의 동상

술을 보여 주는 매우 운치 있는 다리이다. 또 다리 주변의 도나우 강변은 모두 잘 정돈되어 있다. 강변을 따라 미끄러지듯 달리는 전차, 그리고 강에 떠 있는 하얀 배들이 도나우의 풍경을 더욱 낭만적으로 보이게 한다.

부다페스트는 예로부터 '도나우 강의 여왕' 또는 '도나우 강의 진주' 등으로 불려왔다. 그런데 이러한 기품 있는 풍경 뒤에는 뭐라고 표현할 수 없는 향수(nostalgia)가 어려 있는 듯하다. 마치 헝가리 집시 음악에서나, 브람스의 〈헝가리 무곡〉 등에서 느낄 수 있는 그러한 향수라고나 할까.

부다페스트는 1873년에 도나우강 서쪽의 '부다'와 부다의 북쪽 '오부다', 그리고 강의 동쪽 '페스트'가 합쳐져서 생긴 도시로 헝가리 사람들은 '부더페슈트'라고 발음한다. 부다는 부드러운 곡선의 언덕과 숲으로 이루어져 있다. 700 여 년 전에 세워진 마티아스 교회와 부다 성城의 뒤로 고급 주택들이 많이 보인다. 또 19세기 후반에 신고전주의 양식으로 동화에나 볼 수 있는 어부의 성채가 부다 지역의 경치를 한껏 낭만적으로 만들고 있다. 한편, 페스트 지역에는 고딕, 르네상스, 바로크식을 절충하여 19세기 말에 헝가리 건축가들의 손으로 세운 의사당이 도나우 강 동쪽 지역의 시각을 지배하고 있다.

유럽 중원의 이질적인 민족

부다페스트 시가지를 바라보고 있는데 뒤에서 갑자기 행진곡풍의 음악이 들려온다. 뒤돌아보니 어부의 성채로부터 결혼식 행렬이 내가 있는 쪽으로 오고 있다. 악사들이 연주하는 음악은 다름 아닌 〈라코치 행진곡〉이다. 이 곡은 누가 작곡했는지 확실하지 않지만, 헝가리의 '숨겨진 국가'나 다름없을 정도로 헝가리 사람들의 사랑을 받고 있다.

'헝가리'라는 국명은 어디서 온 것일까? 현재의 헝가리는 5세기에 유럽을 공포의 도가니에 몰아넣던 훈족의 거점으로 이곳을 '훈Hun족의 땅'이란 뜻으로 라틴어로 웅가리아Hungaria라고 했다. 헝가리Hungary라는 영어식 표기는 바로 여기에서 유래한다. 물론 지금의 헝가리는 훈족이 세운 것은 아니다. 헝가리인의 조상들은 9세기 말 동방에서 이주해 와 수 세기를 지나면서 완전히 유럽화되었기 때문에 언어를 제외하고는 그들의 외모에서 동방적인 요소를 찾아보기란 불가능하다. 이들이 쓰는 헝가리어는 핀란드어, 에스토니아어 등과 함께 더불어 유럽에서는 아주 이질적인 언어인데 조사의 미묘한 사용, 모음조화 등, 문법적으로 보면 우리말의 특성과 비슷한 데가 더러 있다. 헝가리 사람들은 자신의 나라를 마쟈르Magyar: 현지 발음은 '머더르'라고 부른다.

부다와 페스트를 묶는 쇠사슬 다리

부다의 언덕에서 내려와 세체니 다리 위를 걸어본다. 부다와 페스트를 잇는 이 다리는 1849년에 세워진 현수교이다. 현수교는 교각과 교각 사이를 케이블로 연결하여 사람이나 자동차가 지다 다니는 상판을 포물선으로 늘어진 케이블에 매다는 방식이다. 이 방식은 교각과 교각 사이의 거리가 멀 때 사용한다. 세체니 다리는 '쇠사슬 다리'라고도 한다. 그리고 보면 이 다리는 부다와 페스트를 그냥 단순히 잇는 것이 아니라 쇠사슬로 아주 단단하게 꽁꽁 묶어놓은 것 같다. 19세기 중엽 이 다리는 유럽에서는 가장 긴 다리 중의 하나이자 또 최첨단기술을 이용한 다리 중 하나였으며 한때는 세계에서 가장 경이로운 구조물 중의 하나로 손꼽혔다.

그런데 당시 헝가리가 이런 앞선 건설기술을 보유하고 있던 것은 아니다. 부다페스트 사람들에게 이 다리를 설계한 사람이 누구냐고 물으면 "영국 스코틀란드 출신의 토목공학자 클라크 아담"이라고 대답한다. 헝가리에서는 우리처럼 성을 이름 앞에 쓰니까 클라크 아담이 아니라 아담 클라크 Adan Clark 이다. 부다 쪽 다리 입구의 광장 이름이 클라크 아담 테르 Clark Adam ter, 즉 '아담 클라크 광장'이니 그의 업적은 헝가리 사람들로부터 찬사의 대상이 되었음에 틀림없다.

부다의 언덕, 어부의 성채에서 열리는 결혼식

그럼 이 다리에 왜 '세체니'라는 이름이 붙었을까? 이 다리 건설을 구상하고 추진한 인물이 바로 이슈트반 세체니 István Széchenyi: 1791-1860 라는 정치가이기 때문이다. 그는 도나우강 경제권과 부다와 페스트 지역의 경제와 문화를 활성화시키기 위해서 강의 양안을 잇는 다리 건설공사를 추진했고 이를 실현하기 위해 당시 산업혁명의 기수로 앞서가던 영국의 기술을 과감하게 도입했던 것이다. 이리하여 다리가 개통되어 부다와 페스트가 통합될 수 있었던 것이다.

부다의 언덕에서 내려다본 도나우 강.
강 건너 페스트가 보인다.

헝가리 민족의식을 고취시킨 집시 여인의 음악

세체니 다리 위 난간에 기대어 서서 흘러가는 도나우 강을 지켜본다. 이때 한 중년 여자가 지나가면서 집시들이 내 지갑을 노리고 있는 것 같으니 조심하라고 귀띔해 준다. 지갑이라니? 뒷주머니에 손수건을 포개 넣었는데 이것을 지갑으로 생각했던 모양이다. 해외 여행 시 뒷주머니에 지갑을 넣는 것은 지갑을 그냥 가져가라 하는 것과 마찬가지다. 주변을 돌아보니 나를 노린 듯한 두 명의 소년이 얼른 얼굴을 돌리고 유유히 다른 보행자들과 뒤

세체니 다리가 보이는 도나우 강의 야경

섞여 사라진다. 이들이 진짜 집시인지 아니면 다른 족속인지는 알 수 없다. 어쨌든 지나가던 사람이 내게 집시라고 말했다는 것은 이곳 집시들도 - 물론 사람 나름이겠지만 - 이탈리아의 집시들처럼 손버릇이 별로 좋지 않다는 뜻이다. 헝가리 사람들은 유럽에서 가장 이질적인 민족 중의 하나인데, 집시는 이런 이질적인 민족 틈에 사는 또 다른 이질적인 민족이다.

    헝가리에서 집시들은 가장 빈곤한 계층에 속한다. 이들은 수세기 동안 헝가리 사람들의 불신과 냉대 속에서 살아오고 있는데 이들이 정상적인 사회의 구성원으로 받아들여지기는 매우 어려운 일인 모양이다. 하지만 다른 부류의 집시도 있다. 헝가리 관광 안내책자를 보면 으레 바이올린을 연주하는 집시의 모습이 실려 있다. 부다페스트의 고급 레스토랑에 가면, 불같은 리듬과 달콤한 멜로디를 연주하는 집시 바이올린 주자들을 볼 수 있다. 그들의 연주는 거의 비르투오조에 가깝다. 헝가리 사람들은 집시들을 찌가니Czigany 라고 부르는데, 이에 해당하는 프랑스어는 찌간느Tzigane 이고 독일어는 찌고이너Zigeuner 이다. 한편 스페인의 집시라면 기타라는 악기를 연상하게 되고, 헝가리의 집시라면 바이올린을 먼저 연상하게 된다. 라벨의 바이올린 명곡인 〈찌간느Tzigane〉나, 사라사테의 〈찌고이너바이젠Ziguenerweisen〉은 스페인이 아니라 헝가리 집시 바이올린을 연상하게 하는 좋은 예일 것이다. 현재 헝가리 집시출신 바이올린 연주가로는 우리나라에서도 공연한 적이 있는 렌드바이가 세계적인 명성을 얻고 있다.

　헝가리 사람들은 역사적으로 유명했던 집시 음악가들 중에 판나 칭카Panna Cinka 라고 하는 집시 여인을 먼저 손꼽는다. 그녀는 18세기에 활동한 바이올린의 명수로 미모도 빼어났다고 전해진다. 그녀는 자신이 이끄는 악단과 함께 라코치 공公의 궁정에서도 연주를 할 정도였다. 라코치는 1703년에서 1711년까지 합스부르크의 지배에 저항하여 반란을 일으켰던 귀족이다. 헝가리 사람들이 자유를 쟁취하기 위하여 일어설 때 그녀의 손에서 흘러나오던 라코치 행진곡은 헝가리 사람들의 애국심을 북돋아 주

부다와 페스트를 연결하는 세체니 다리

었을 뿐 아니라, 억압받는 헝가리 사람들에게는 커다란 위안이 되기도 했다. 지난날 집시 여인의 바이올린에서 불꽃처럼 피어난 이 격정적인 행진곡은 베를리오즈까지도 감동시켜, 그의 작품 〈파우스트의 겁벌〉에는 이 곡이 그대로 차용되었다. 또 이 곡은 다시 리스트에 의해 다시 승화되었다. 즉 1846년에서 1853년 사이에 리스트는 헝가리의 민요를 주제로 하는 19개의 피아노곡으로 구성된 《헝가리 광시곡 독일어로는 Ungarische Rhapsodien, 영어로는 Hungarian Rhapsodies》을 썼는데 그중 제15번이 바로 〈라코치 행진곡〉인 것이다.

리스트는 독일계 헝가리 사람인데, 독일식 표기로는 List가 되지만, 헝가리에서는 '리슈트'라고 발음되기 때문에 Liszt로 표기한다. 그는 헝가리 말을 전혀 할 줄 몰랐지만, 헝가리를 빛낸 위대한 헝가리 음악가였다.

그러고 보니 세체니 다리가 부다와 페스트를 쇠사슬처럼 굳게 묶고 있듯이, 집시 여인의 손에서 흘러나와 리스트에 의해 예술적으로 승화된 라코치 행진곡은 헝가리인들을 굳게 결속하고 있는 것이다.

수난의 역사를 증거하는 다리

애국적인 음악은 민족이 수난을 당할 때 태어난다. 사실 헝가리의 역사는 수난으로 점철 되어 있다. 그러고 보면 세체니 다리도 헝가리의 어두운 근대 역사를 증거 해준다. 1848년 헝가리에서 오스트리아 합스부르크 왕가의 지배에 항거하는 시민혁명이 일어났을 때 공사 중이던 다리는 개통도 되기 전인 폭파될 위험에 처하기도 했다. 또 이 다리건설을 추진했던 세체니는 오스트리아 경찰에 쫓기다가 결국 자살하고 말았다. 그후 제2차 세계 대전 중에 독일군은 소련군의 진격을 차단하기 위해 도나우 강 위의 놓인 다리란 다리는 모조리 폭파했다. 그때 세체니 다리도 파괴되는 바람에 부다페스트는 다시 부다와 페스트로 어쩔 수 없이 갈라지고 말았다. 이 다리는 전쟁이 끝난 1949년에야 다시 복구되어 재개통되었는데 그때는 헝가리가 이미 공산화가 되어 또 다른 암울한 역사의 길로 접어든 다음이었다.

하지만 50년이 지난 1989년에는 바로 이 다리에서 수십만의 부다페스트 시민들이 운집하여 자유를 높이 외치며 공산정권을 도나우 강물에 완전히 씻겨 떠내려가도록 했다. 그러니까 세체니 다리는 헝가리를 새로운 미래로 연결한 다리이기도 한 셈이다. §

■ 체코 | 프라하 | 카를 다리
스메타나(1824-1884) | 《나의 조국》 중에서 〈블타바 강〉

블타바 강변에 퍼지는 5월의 봄향기

"카프카라고요? 글쎄요… 카프카가 프라하 사람인 것은 확실하지만 독일어권 사람이라서… 그리고 우리를 동유럽 사람이라고 부르지 말아주세요. 우리는 어디까지나 중부 유럽 사람입니다."

카를 다리에서 만난 한 체코 여대생의 말이다. 사실 체코는 언어적으로 보면 슬라브어권에 속하지만, 슬라브 민족 국가 중에서 가장 서쪽에 위치해 있기 때문에 가장 덜 슬라브적이다. 문화적으로 보면 중부 유럽 독일어 문화권의 영향을 많이 받은 곳이기 때문에 다른 동유럽 국가들과 여러모로 다른 점이 많다. 어떻게 보면 동유럽과 서유럽을 연결하는 다리라고나 할까? 하지만 이곳 사람들은 독일과 오스트리아와 국경을 맞대고 있다고 해서 체코가 게르만 문화권으로 혼동되는 것에 대해서는 알레르

프라하의 명소 카를 다리

기적인 반응을 일으킨다. 자신들은 독일어권과는 완전히 다르고 어디까지나 체코 사람들이라는 점을 힘주어 강조한다. 사실 이들 앞에서 체코의 이름을 독일어 발음규칙에 따라 발음하면 큰 실례가 된다. 이렇게 민족의식이 강한 것은 이들이 겪어온 역사가 고난과 격동으로 점철되었기 때문일까?

16세기 한때 유럽의 중심지 역할을 했던 체코는 300년 동안 오스트리아의 지배 아래에 놓이게 되고 제1차 세계대전이 끝난 1918년에야 체코슬로바키아라는 국명으로 비로소 독립국이 되었다. 그 후 나치독일의 점령, 공산주의, 1968년 '프라하의 봄', 1989년 벨벳 혁명 등을 거친 다음에는 1993년에 체코와 슬로바키아 두 나라로 조용히 갈라지며 격동기를 거쳤다. 이러한 대격변기를 지나오는 동안에도 프라하는 다행히도 조금도 파괴되지 않고 아름다운 옛 시가지의 모습을 그대로 보존하고 있다. 체코 출신의 감독 밀로슈 포만이 영화 〈아마데우스〉의 촬영지로 오스트리아의 수도 빈이 아니라 프라하를 택한 것도 이러한 이유 때문이었다.

발걸음을 멈추게 하는 석조 다리

유서 깊은 카를 다리 위에 서서 유유히 흐르는 블타바Vltava 강을 지켜본다. 이 강은 남부 보헤미아 숲으로부터 흘러나오는 강줄기에 서부 보헤미아 숲에서 흘러나오는 또 하나의 지류가 이에 합류하여 프라하 시가지를 관통하면서 독일의 엘베 강으로 흘러들어 가는데, 독일식 이름 몰다우Moldau로도 많이 알려져 있다.

블타바 강 건너편 언덕 위 마법의 성처럼 솟아 있는 프라하 성과 성 비투스 성당은 수호신처럼 프라하를 굽어보고 있다. 〈성城〉을 집필하던 프란츠 카프카도 카를 다리를 건너면서 위로부터 서서히 엄습해 내려오는 듯한 이 광경을 매일 마주쳤으리라. 프라하의 명소 중에서 블타바 강에 놓여 있는 고딕식 카를 다리는 연중 내내 전 세계에서 몰려든 관광객들로 붐빈다. 이 다리는 길이 500미터가 조금 넘고 폭은 10미터쯤 되는데 다리 양쪽 끝에 세워진 고딕식의 감시탑과 난간에 도열하듯 세워져 있는 바로크풍 보헤미아 성인들의 석상을 보면 사람들을 감싸주는 광장 같은 느낌이 든다. 지나가는 다리이면서도 동시에 사람들이 머무는 곳이기도 하다. 또 다리가 직선이 아니라 약간 굽어 있어서 그런지 마치 골목길을 걷는 듯한 기분도 든다. 낮에는 이곳이 다리가 아니라 완전히 시장바닥이 된다. 관광객들을 상대로 그림과 기념품을 파는 상인들과 거리의 악사들, 또 관광객을 노리는 소매치기들이 엉켜서 활기를 띠지만 밤에는 다시 신비스러운 중세 분위기로 돌아간다.

이 다리에서 중세의 신비함을 엿볼 수 있게 하는 것이 하나 있다면 이 다리와 관련된 135797531라는 수열이다. 언뜻 보기

카를다리 위에서 구시가 쪽으로 본 야경

에 무슨 전화번호처럼 생겼지만 가만히 보면 규칙이 있다. 즉 1부터 홀수로 상승하고 뒤에서도 홀수로 상승하고 있는 좌우대칭의 수열이다. 무슨 의미로 이런 수열을 썼을까? 이것은 신성로마제국 황제이며 체코의 왕이었던 카를 4세가 이 다리의 초석을 놓은 날짜와 시간이다. 즉 135797531은 1357년 7월 9일 5시 31분을 의미한다(영국을 제외한 유럽에서는 보통 날짜를 달 앞에 쓴다). 날짜뿐만 아니라 시간과 분까지 정확히 지키며 초석을 놓은 이유는 황제가 그때 착공해야 액을 물리칠 수 있다는 계시를 꿈에서 받았기 때문이라고 전해진다.

이 다리는 성 비투스 성당의 건축 책임을 맡았던 독일의 건축가 페터 파를러에 의하여 착공되어 1400년대 초반에 완성되었는데 황제의 이름을 따서 카를 다리 체코식으로는 Karlův most 라고 명명된 것은 19세기였다.

전설에 의하면 이 다리를 견고하게 만들기 위해 돌덩어리와 돌덩어리를 접착하는 모르타르에 계란을 섞었다고 하는데, 실제로 계란을 풀어 넣었는지는 알 수 없지만 모르타르에 어떤 유기물질이 섞여 있는 것은 사실로 밝혀졌다. 이 다리가 세워진 지 거의 650년 동안 블타바 강의 홍수 때문에 여러 번 손상을 입긴 했지만 그래도 무너지지 않고 지금까지 잘 견뎌온 것을 보면 13579753은 그야말로 길조의 수열이었던 모양이다. 게다가 이 다리는 1848년 오스트리아 군대의 포격에도 기적적으로 살아남았으니 말이다.

체코 근대음악의 아버지 스메타나

1848년 프랑스 2월 혁명은 유럽 강대국의 지배를 받고 있던 민족들에게 자신의 정체성에 눈을 뜨게 한 커다란 사건이었다. 이에 따라 프라하에서도 학생과 노동자들이 구심점이 되어 오스트리아 정부군과 맞서 항전을 벌였지만 그 결과는 참담한 패배였을 뿐이었다. 이 투쟁에 참가했던 24세의 젊은 음악가가 있었다.

블타바 강과 카를 다리. 건너편 언덕 위에 성 비투스 성당과 프라하 성이 보인다.

베드르지흐 스메타나 Bedřich Smetana. 베드르지흐는 '풍성한 평화'라는 뜻의 독일 이름 프리드리히 Friedrich 에 해당하는 이름이다. 그는 오스트리아의 무자비한 탄압을 몸소 겪고 나서 자신이 체코 사람임을 절실히 느끼고 민족의 혼이 담긴, 체코 민족 특유의 근대 음악을 수립하고자 노력했다. 그도 후세의 카프카처럼 독일어를 모국어로 쓰던 체코인이었다. 그가 체코어를 배우기 시작한 때는 이미 서른이 넘어서였으니 그의 체코어 이해력이나 구사력은 한계가 있었으리라. 그는 그러한 약점에도 불구하고 중부 유럽 음악의 주류에 뿌리를 두면서도 체코의 역사, 영웅담, 전설, 민속 등과 같은 민족적 책채를 첨가시키거나 체코의 풍경을 표제로 하는 등, 체코 음악이 나아갈 길을 제시했다.

당시 그를 물심양면으로 적극 후원해준 인물이 있었으니 바로 유럽음악계의 황제 리스트였다. 리스트는 스메타나를 "순수한 체코의 정신을 타고난 작곡가이며 신의 은총을 받은 예술가"라고 극찬했다. 한편, 스메타나의 17년 후배인 드보르작은 스메타나가 다져놓은 토양 위에 체코의 음악을 세계적인 음악으로 발전시킨 장본인으로 지명도에 있어서는 스메타나보다 훨씬 더 높다. 하지만 스메타나만큼 체코 사람들의 마음속 깊이 자리 잡은 음악가는 없다.

스메타나 동상. 그 뒤로 카를다리와 그 너머 프라하 성과 성 비투스 성당이 보인다.

블타바 강변에 퍼지는 5월의 향기

매년 5월이 되면 프라하에는 '봄의 교향악'이 울려 퍼진다. 스메타나의 서거일 5월 12일부터 '프라하의 봄'이라는 국제음악제가 약 3주 동안 열리기 때문이다. 프라하는 1년 내내 수많은 관광객들이 몰려오는 곳이라서 이 음악제 입장권을 구하는 것도 쉬운 일이 아니다. 이 음악제는 2차 세계대전이 끝난 1946년부터 화려한 아르누보 양식의 음악당인 스메타나홀에서 매년 개최되는데 전통적으로 스메타나의 〈나의 조국〉으로 시작하여 베토벤의 교향곡 9번 〈환희에 부쳐〉로 끝맺는다.

스메타나의 대표작은 오페라 〈팔려간 신부〉, 연작 교향시 《나의 조국》과 현악 4중주 〈나의 삶으로부터〉 등을 꼽는다. 〈나의 삶으로부터〉는 '음악으로 쓴 자서전'이라고 할 수 있다. 스메타나는 한때 스웨덴의 제2도시 예테보리에서 수년간 객원지휘자로 있으면서 약간의 행복을 느껴보긴 했지만 대부분 끝없는 고난과 고통 속에서 살다가 생애를 마쳤다. 젊었을 때는 경제적 어려움을 처절하게 겪었고 어느 정도 사회적 기반을 갖춘 다음에는 네 딸 중 세 딸의 죽음과 첫 번째 아내의 사별 등 이루 말할 수 없는 인간적인 슬픔과 고통을 겪었다. 그것도 부족한지 또 하나의 큰 시련이 엄습해왔다. 음악가에는 치명적 재앙이라고 말할 수밖에 없는 청력 이상이었다.

신은 베토벤에게 주었던 그런 시련을 스메타나에게도 주었던 것일까. 베토벤은 말년까지도 미약하나마 왼쪽 청력이 조금 살아 있었지만 스메타나는 아예 들리지 않았다. 하지만 그는 이 시련에도 당당히 맞서서 창작혼을 불태웠다.

소리가 들리지 않는 상태에서 만든 작품이 바로 6개의 곡으로 이루어진 연작 교향시 《나의 조국Má Vlast》이다. 이 교향시의 첫 번째 곡 '비셰흐라드'와 두 번째 곡 '블타바 강'은 1874년에 작곡되었고 나머지는 그의 청력이 완전히 사라진 다음인 1879년에 완성되었다.

《나의 조국》에서 가장 많이 알려진 곡은 단연 두 번째 곡 '블타바 강'이다.

강물이 흘러 사냥꾼이 사냥하는 숲을 지나 결혼잔치가 벌어지는 마을에 이를 때 음악은 8분의 6박자에서 흥겨운 4분의 2박자의 춤곡으로 바뀐다. 이 춤곡은 블타바 강이 황혼 속으로 사라질 때 서서히 함께 사라진다. 달이 떠오르면 물의 요정이 나타난다. 이때 빠르기가 바뀌면서 밝은 G장조에서 신비스런 A플랫장조로 바뀐다. 요정들은 우아한 현의 반주에 맞추어 춤을 춘다. 그러다가 주제 선율이 다시 흘러나온다. 천천히 흐르던 블타바 강은 흐름이 빨라지고 물결이 높아진다. 강물과 음악은 계속 흘러간다. 이제 관현악의 현란한 음향 속에서 블타바 강은 프라하의 심장부를 유유히 통과하면서 사라져 간다.

    두 곳의 다른 원천에서 흘러나와 합류하여 프라하를 지나는 블타바 강처럼, 이 곡에서도 그의 마음에 드리워진 어둠과 슬픔이라는 내적인 흐름과 이를 극복한 승화된 우아함이라는 외적인 흐름이 함께 어우러져 흘러가고 있다.

    청력 상실에다 나중에는 정신착란증까지 앓게 된 스메타나는 1884년 5월 12일 60세의 일기로 프라하의 정신병동에서 파란만장한 일생을 마감했다. 눈을 감은 그는 매우 평화로워 보였다고 한다. 그의 시신은 체코 국민들의 애도 속에 블타바 강변 비셰흐라드 묘지에 안장되었다. 이때는 혹독한 겨울이 완전히 지

프라하 성및 성 비투스 성당(왼쪽), 카를 다리(가운데), 스메타나 기념관(카를다리 오른쪽 첫번째 건물), 스메타나 거리(오른쪽 강변도로)가 보이는 블타바 강의 야경

나가고, 마치 신의 은총이 내린 듯한 5월의 봄향기가 블타바 강변에 퍼질 무렵이었다.

　　카를 다리 아래로 블타바 강은 유유히 흐른다. 애수 어린 환희의 선율을 머금은 채로……. §

3
유럽의 정원과 공원에서

이탈리아 | 티볼리 | 빌라 데스테
리스트 | 《순례의 해》 제3집 중에서
〈빌라 데스테의 분수〉

스페인 | 그라나다 | 헤네랄리페
파야 | 《스페인 정원의 밤》 중에서
〈헤네랄리페에서〉

영국 | 런던 | 그린 파크
헨델 | 왕궁의 불꽃놀이 음악

핀란드 | 헬싱키 | 시벨리우스 공원
시벨리우스 | 〈핀란디아〉

■ 이탈리아 | 티볼리 | 빌라 데스테
❞ 리스트(1811-1886) | 《순례의 해》 제3집 중에서
〈빌라 데스테의 분수〉

검은 사제복의
영원한 여행자

로마에서 동쪽으로 대략 30킬로미터 떨어진 산 위에 세워진 작은 도시 티볼리로 향한다. 티볼리는 천혜의 자연환경과 전망을 갖춘데다가 온천이 있기 때문에 고대로마 시대로부터 휴양지로 각광을 받아 크고 작은 화려한 별장들이 여기저기에 세워졌는데 그중에서 빌라 아드리아나 Villa Adriana 와 빌라 데스테 Villa d'Este 가 가장 유명하다.

    빌라 아드리아나는 로마제국 전성시대의 문화황제 하드리아누스가 서기 138년경에 세운 별궁別宮으로 신전, 경마장, 목욕장, 도서관, 박물관 등 웬만한 시설과 여러 기능을 갖춘 건축물들이 모여 있는 또 하나의 작은 도시였다. 하드리아누스 황제는 통치기간 동안 방대한 로마제국의 영토를 구석구석 여행하고 나

중앙 분수와 그 뒤로 보이는 빌라 데스테

중앙 분수. 그 뒤에 오르간 분수가 보인다.

서 고대 이집트의 웅장한 건축으로부터 섬세한 그리스의 건축에 이르기까지 그가 본 가장 아름답고 인상 깊은 것들을 수도 로마에서 떨어진 조용한 이곳에 재현했던 것이다. 황제의 여행의 추억을 담은 이 궁전은, 그러나 아쉽게도, 로마제국이 멸망한 다음 폐허가 된 채로 깊은 망각의 늪 속으로 빠지고 말았다.

오랜 세월이 흐른 16세기의 일이다. 빌라 아드리아나 유적 발굴에 유별나게 관심을 갖고 있던 페라라의 최고 귀족가문 출신 추기경 이폴리토 데스테 Ippolito d'Este 1509-1572 가 티볼리 지사로 부임되었다. 그런데 화려한 궁정생활에만 젖어 왔던 그로서는 수도원을 개조한 수수하기 그지없는 집무실과 거처에 적응한다는 것은 고역이나 다름없었다. 그래서 그는 당시 유명한 건축가 리고리오 P. Ligorio 에게 의뢰하여 기존의 수도원 건물을 빌라 아드리아나처럼 대규모는 아닐지라도 자기 신분에 어울리는 화려한 별장으로 개축하도록 했다. 이리하여 환상과 매력이 넘치는 정원을 갖춘 별장 빌라 데스테가 세워졌던 것이다. 특히 이곳을 더욱더 매력적인 장소로 만든 것은 바로 여러 가지 모양의 분수들이다. 특히 리고리오의 타원형 분수, 베르니니의 유리잔 분수, 갈리아르도의 오르간 분수 등을 비롯하여, 100개의 분수 등이 눈길을 끄는데 그 가운데에서 오르간 분수는 한때 수압을 이용하여 실제로 연주가 되기도 했다. 한편, 이와 같이 갖가지 형태의 분수들처럼 물을 뿜어서 아름다운 효과를 얻는 것을 프랑스어로는 jeux d'eau라고 표현한다. 문자 그대로 '물의 놀이'라는 뜻인데, 우리말로는 마땅한 용어가 없으니 그냥 '분수'라고 번역할 수밖에 없겠다.

리스트의 여인들

1861년, 티볼리에 또 다른 '황제'가 나타났다. 그는 다름 아닌 피아노의 황제 리스트였다. 그는 열 살 때 고향을 떠나 거의 60년을 파리, 로마, 바이마르 등지를 중심으로 유럽 구석구석 전역을 여행하며 화려하게 살아왔다. 게다가 웬만한 유럽언어는 마치 모국어처럼 구사할 줄 알았다. 정작 자신의 모국어인 헝가리어는 전혀 못했지만. 그는 황제처럼 강한 카리스마와 외모에서 풍기는 매력과 더불어 청중을 완전히 사로잡아 흥분의 극치로 몰아갈 줄 아는 마력도 갖추고 있었다.

쇼맨십을 싫어하던 당시의 순수음악가들도 막상 그의 연주를 직접 들으면 완전히 넋을 잃고 말았다. 특히 여성팬들은 흥분해서 비명을 지르거나 까무러치기까지 했으며, 연주가 끝나면 그를 가까이 가서 보려고 난동을 부리기도 했다. 세계를 정복한 황제처럼 눈부시고 화려한 전력을 갖춘 이러한 그가 티볼리에 모습을 드러냈던 것이다. 그런데 그의 모습은 기대와는 완전히 딴판이었다. 수수한 검은 사제복을 걸치고 이곳에 왔으니 말이다. 그가 이렇게 완전히 변신하게 된 것은 사랑하는 한 여인과의 관계 때문이었다.

아직 무명이었던 젊은 시절의 리스트는 파리에서 피아노레슨을 해주던 카롤린 드 생 크리크와 사랑에 빠졌다. 하지만 프랑스의 고위관리였던 그녀의 아버지는 딸을 다른 사람과 반강제로 결혼시켜 버렸다. 마음의 상처를 받은 리스트는 세상을 등지고 신부가 되려고 했다. 다행히 주위 사람들의 간곡한 만류로 음악가의 길을 계속 걷긴 했으나 그의 기억 속에 카롤린은 순수한 여성의 상징이자 잃어버린 행복의 상징으로, 또 이룰 수 없는 사랑의 상징으로 남아 있었다. 그 후 그는 여자들에 둘러싸여 있는 듯했지만, 여자를 애써 정복하려고 하지 않았고 단지 사랑의 감정을 따라 유랑만 하고 있을 뿐이었다. 그러다가 1847년 우크라이나에서 자인 비트겐슈타인 후작부인을 알게 되면서부터는 완전히 바뀌게 된다. 당시 그녀는 남편과 별거하고 문학, 철학, 종교에 심취하며 쓸쓸한 나날을 보내고 있었다. 두 사람은 사랑을 속삭이게 되고 결혼까지 생각한다. 또 그녀가 연주생활을 중단하고 작곡에 몰두하라고 권유하자 리스트는 이를 받아들여 37세에 당시 최고의 연주가로서의 활동을 마감했다. 그러던 중 후작부인의 이혼문제가 순탄하게 해결되고 있었기 때문에 두 사람은 로마에 가서 교황을 알현하고 1860년 10월 22일에 로마에서 결혼식을 올리기로 했다. 하지만 마지막 순간에 남편 측에서 제동

사이프러스 나무들이 있는 빌라 데스테 정원

을 거는 바람에 사랑의 꿈은 완전히 깨지고 말았다. 상심한 그녀는 로마에 머무르면서 종교에 더욱 심취했는데 그러던 중 1864년 남편이 세상을 떠났다. 그녀와 리스트는 이제 정식결혼만 올리면 그만이다.

그런데 아무도 예상하지 못한 일이 벌어졌다. 리스트가 결혼 예복이 아니라 검은 사제복을 입기로 결심했던 것이다. 파리 시절 첫사랑의 상처를 받고 나서 신부가 되려고 했던 마음이 뒤늦게 구체화된 것일까?

빌라 데스테의 사이프러스 나무와 분수

리스트는 사제서품을 받고 나서 바티칸 구내에 살다가 교황청의 배려로 빌라 데스테에서 거주하게 되었다. 이때부터 나머지 20년의 생애를 적어도 1년에 몇 달씩은 빌라 데스테에서 보내면서 종교적인 음악을 주로 작곡하며 한동안 오로지 신앙에만 매달렸다. 그러니까 속세를 떠나 자연의 소리가 오묘한 음악으로 들리는 이곳에서 창작을 위한 가장 적합한 시간을 가졌던 것이다.

그의 피아노 모음곡집《순례의 해》제3집은 낭만적이면서도 내면의 깊이가 느껴지는 일곱 곡으로 구성되어 있다. 그중〈빌라 데스테의 사이프러스 나무에 부쳐 Aux Cyprès de Villa d'Este〉1번, 2번과〈빌라 데스테의 분수 Les Jeux d'eau à Villa d'Este〉는 바로 이곳에서 작곡된 것이다. 특히 〈빌라 데스테의 분수〉는 리스트가 음으로 쓴 음악기행 중에서 최고의 명곡으로 손꼽힌다.

약 8분 30초 정도의 이 곡은 물을 뿜는 여러 가지 모양의 분수들을 묘사하듯, 아르페지오가 반복되며 시작되다가 바위에 부서지는 작은 물방울을 묘사하는 듯한 트레몰로로 전이되면서 저음에서는 낭만적이며 사색적인 선율이 물 흐르듯 은은히 흐른다. 이 선율은 후반부에 이따금씩 고음으로 반복되며 곡 전체의 흐름을 조율해 나간다. 이 곡에서는 전체적으로 빌라 데스테의 분위기가 물씬 느껴지기도 하지만 동시에 종교적인 깊이까지도 느껴지며, 또 이곡의 화성 구조나 음의 빛깔은 인상파 음악의 탄생을 예고하는 듯한데, 이에 필적할 만한 음악은 라벨의 〈Jeux d'eau〉라는 곡으로 1901년이 되어서야 등장한다.

키가 큰 사이프러스 나무 사이로 물소리가 들리는 빌라 데스테 정원 길을 걸으면서 부조니 F. Busoni: 1866 - 1924 의 말을 떠올려 본다.

"나는 리스트의 약점을 알고 있다. 그렇지만 그의 힘을 인정하지 않을 수 없다. 따지고 보면 우리는 모두 그로부터 흘러나왔다. 바그너도 예외가 아니다. 우리가 할 수 있는 조그만 것도 모두 그의 덕택이다. 세자르 프랑크, 리하르트 슈트라우스, 클로드 드뷔시, 그리고 러시아의 음악가들은 모두 거대한 나무의 나뭇가지들이다. 리스트의 〈빌라 데스테의 분수〉는 오늘날 아직

빌라 데스테 정원의 '100개 분수'

도 모든 '음악의 샘'의 원천을 이루고 있으며, 그것으로부터 물이 흘러나왔다."

구름 사이로 한 줄기 강한 햇빛이 떨어진다. 지나가는 구름이라도 잡을 듯한 사이프러스 나무는 그 깊은 뿌리로부터 마치 인간의 기쁨과 슬픔이 녹아든 듯한 대지의 기운을 가냘픈 푸른 나뭇가지 끝가지 높이 모아 올린다. 나뭇가지에서 들리는 새들의 노래 소리는 갖가지 형태의 분수에서 뿜어져 솟아 나오는 물보라와 어우러진다.

리스트는 속세를 떠나 자연의 소리가 오묘한 음악으로 들리

빌라 데스테 입구 회랑에 있는 리스트 기념판. 그의 이름이 헝가리식으로 리스트 페렌츠
(Liszt Ferenc)라고 선명하게 새겨져 있다. 독일식이라면 프란츠 리스트(Franz Liszt)가 되겠지만.

는 빌라 데스테에서 창작을 위한 최적의 시간을 가졌다.

그에게 빌라 데스테의 사이프러스 나무가 마음속 깊은 곳에 내재된 자신의 추억과 슬픔의 승화를 의미했다면, 빌라 데스테의 분수는 자신의 영혼을 승화하는 생명수를 상징했으리라. 영원한 여행자였던 리스트. 빌라 데스테에서도 그의 여행은 계속되고 있었다. 그것은 내면의 세계로 향하는 순례였다. §

■ **스페인 | 그라나다 | 헤네랄리페**
❞ 파야(1876-1946) | 《스페인 정원의 밤》 중에서
〈헤네랄리페에서〉

어둠이 깃든
명상의 공간에서
울리는 물소리

알함브라 궁전을 나와 사이프러스 나무가 늘어선 길을 따라 산으로 오르고 있는데, 노부부가 다가오더니 '제너럴라이프'로 가는 길을 좀 알려줄 수 있냐고 묻는다. 이게 무슨 소리인가 고개를 갸우뚱했더니, 노부부는 다시 말을 바꾸어 '제너럴리페이'라고 발음한다.

숲이 우거진 이곳에서 무슨 '리페이'라는 장군의 동상을 찾고 있는 것일까? 그런 데가 있기는 있나? 갸우뚱거리다 '아차!' 싶었다. 뭔가 감이 잡혔다. 이곳에서는 Generalife가 '헤네랄리페'로 발음된다는 사실을 모르고 노부부는 생긴 그대로 영어식으로 읽었던 것이다(스페인어에서는 g 다음에 모음 e나 i가 오면 g소리는 '바흐'Bach에서처럼 목구멍 뒤쪽에서 나오는 'ㅎ'이다).

이슬람 양식의 아치를 통해 본 헤네랄리페의 분수 정원

헤네랄리페는 원래 아랍어로 '건축가의 정원'이란 뜻에서 유래되었다고 하는데, 이 별장과 정원을 설계한 건축가를 지칭하는 것인지 아니면 다른 이유가 있는지는 알 길이 없다. 헤네랄리페는 알함브라 성채가 바로 내려다보이는 산 중턱에 세워진 무어 왕의 여름 별장으로 알함브라의 나스르 왕궁과 더불어 또 하나의 '작은 천국'이라고 할 수 있다. 이곳은 '속세'가 바로 눈앞에 보이면서도 속세로부터 멀리 떨어져 있는 듯하다.

헤네랄리페는 별장의 규모나 정원의 규모로 봐서 이탈리아 티볼리의 빌라 데스테에 비하면 비교가 되지 않을 정도로 작다. 하지만 헤네랄리페는 정감이 흐르는 아담한 공간으로 구성되어 있다. 공간의 절묘한 배치, 품위 있는 선, 빛과 그늘이 교차하면서 확 트인 조망은 이곳의 매력이다.

이 정원에서도 물소리가 들린다. 키 큰 사이프러스 나무와 이름 모를 관목들과 향기로운 꽃들이 우거진 이 정원에서 구심점을 이루는 것은 물이다. 물은 삶을 풍족하게 하기 위한 것일 뿐만 아니라, 정원을 지상의 천국으로 승화하려는 기원이 담겨 있는 것 같다. 마치 운하를 축소해 놓은 것처럼 좁고 기다란 연못 양쪽에서 일렬로 포물선을 그리며 물을 뿜는 분수의 모습은 더위에 지친 여행자들에게 생기를 불어넣고 눈을 즐겁게 한다. 물소리는 빌라 데스테의 분수들처럼 격정적이지는 않지만 알함브라 궁전 안에서 들리던 물소리처럼 시를 읊는 듯, 노래하는 듯 들린다.

헤네랄리페를 처음에 설계했던 이슬람 건축가의 의도는 지금과는 달랐다. 원래 모습대로라면 길쭉한 연못의 수면은 마치 하늘을 투영하는 거울처럼 잔잔했을 것이다. 그라나다가 함락된 다음 나중에 물을 뿜게 만들었다고 하고 또 정원 조경도 지금처럼 울긋불긋한 꽃들이 아니라 상록수로 꾸몄다고 한다. 그러고 보면 헤네랄리페는 지금보다 훨씬 더 명상적인 공간이었나 보다. 헤네랄리페는 이슬람 왕이 알함브라를 넘겨준 이후에 다소 변형되었는데 그래서인지 군데군데 이탈리아 티볼리의 빌라 데 스테의 영향도 보인다.

나뭇잎 사이로 아른거리는 햇빛을 밟고 계단을 따라 별장 윗층으로 올라가면 테라스식 정원과 알함브라 성채의 전경이 한눈에 들어온다. 그 너머로 그라나다의 기독교 지역이 보인다.

헤네랄리페 정원의 밤

알함브라 성채 너머의 대성당에서 종소리가 아련하게 울려온다. 대성당에는 그라나다를 함락하여 스페인 국토회복전쟁을 종결했던 페르디난도 왕과 이사벨 여왕이 함께 묻혀 있다. 남국의 태양이 지고 그라나다의 하늘에 노을이 타오른다. 어둠이 서서히 찾아오면 멀리 알바이신 지역의 불빛이 켜진다. 알바이신 지역은 옛날 무어인들과 유대인들이 터를 잡고 살던 곳이다. 알바이

헤네랄리페에서 내려다본 알함브라와 그라나다 시가지

신 언덕 위쪽으로 집시들이 사는 사크로 몬테 Sacro Monte 의 동굴집에도 조그만 불빛이 켜진다. 불어오는 바람결에 집시들의 노래가 가물가물 들려오는 듯하다.

남국의 밤은 좀 특별하다. 다른 나라의 밤은 보통 고통의 시간으로 비유되기도 하지만, 스페인의 밤은 삶의 활력이 솟아오르는 기쁨의 시간이다. 스페인은 저녁식사가 매우 늦다. 해가 진 후 보통 10시쯤이니 우리나라처럼 저녁식사가 이른 나라에서 온 사람들은 이곳의 밤이 외려 고통의 시간이 될지도 모르겠다. 이곳 사람들은 저녁식사 후에 늦게까지 즐긴다.

하지만 헤네랄리페 정원의 밤은 마음을 들뜨게 하는 시간은 아니다. 어둠이 깔리기 시작하는 헤네랄리페에서는 햇빛이 강렬한 낮에는 보이지 않던 야릇하고 신비스러운 색채가 느껴진다. 정원의 물소리는 어둠 속에서 더욱 명료하게 들린다. 이 소리는 마누엘 데 파야 Manuel de Falla 의 《스페인 정원의 밤》에서 울리는 피아노의 아르페지오 소리처럼 영롱하게 들려온다.

파야가 피아노를 위한 야상곡으로 《스페인 정원의 밤》을 구상하고 작곡한 때는 1909년이다. 파야는 이 곡을 처음에 독주곡으로 작곡했는데 바르셀로나 출신의 유명한 피아니스트 리카르도 비녜스는 그에게 피아노 독주곡보다는 피아노와 오케스트라를 위한 야상곡으로 만드는 것이 낫겠다고 조언했다. 파야는 1915년에 이 곡을 완성하여 비녜스에게 헌정했고 이듬해에 마드리드에서 초연했다. 파야는 이 곡을 '교향적 인상'이라고 표현하고 있다. 사실 이 곡에서 프랑스의 인상주의 음악의 분위기가 물씬 느껴지는데 파야가 1907년부터 파리에 7년 동안 체류하면서 드뷔시, 라벨, 뒤카 등 인상주의 음악가들의 영향을 많이 받았기 때문이다.

《스페인 정원의 밤 En los jardines de España》이라는 제목은 파야의 친구였던 산티아고 루시뇰 Santiago Rusiñol 의 영향을 받은 것이 아닐까 하는 추측을 해본다. 루시뇰은 뛰어난 화가이자 극작가로 스페인의 정원을 소재로 한 작품을 많이 남겼는데 그의 희곡 중에

이슬람 왕의 여름 별장 헤네랄리페. 그 너머로 왼쪽에 알함브라 성채와 멀리 그라나다 시가지가 보인다.

는 카탈루냐 방언으로 쓴 '스페인의 정원Jardins d'Espanya'도 있다. 파야는 한동안 루시뇰의 집에 머무르면서 그의 그림과 희곡을 접했다. 그러는 동안 그가 구상하던 야상곡을 빨리 완성하고 싶은 충동을 느끼지 않았을까 짐작한다. 그런데 파야가 음악으로 다루고 싶었던 정원은 오로지 안달루시아의 정원이었던 모양이다. 그가 안달루시아 태생이기 때문이었을까?

스페인 국민주의 음악을 이끌었던 핵심 인물인 페드렐, 알베니스, 그라나도스는 모두 스페인의 북동부 카탈루냐 사람들이다. 파야는 안달루시아 남서쪽, 대서양을 바라보는 항구 카디스에서 태어났지만 안달루시아 혈통은 아니다. 그의 아버지는 중동부 발렌시아 사람이고 어머니는 카탈루냐 사람이지만 어릴 때부터 안달루시아에서 성장한 그는 누구보다 더 깊이 토속적인 안달루시아 음악의 본질에 다다를 수 있었던 것 같다.

《스페인 정원의 밤》은 〈헤네랄리페 정원에서En el Generalife〉, 〈멀리 들리는 춤곡Una Danza lejana〉, 〈코르도바 산맥의 정원에서En los jardines de la sierra de Córdoba〉 세 곡으로 구성된 3악장의 피아노 협주곡이라고 말할 수 있다. 그런데 〈멀리 들리는 춤곡〉은 정원과는 전혀 관계없는 제목이다. 그렇다면 '먼 곳'이란 어디를 말하는 것일까? 눈 아래 보이는 알바이신 지역에서 들리는 집시들의 플라멩코 춤곡이 헤네랄리페로 메아리쳐 올라와 들리는 것을 의미하는 것은 아닐까? 〈코르도바 산맥의 정원에서〉에 언급된 정원은

물이 중심을 이루는 헤네랄리페의 분수 정원

실제로 정확히 어디를 가리키는지 알 수 없다. 다만 전통적인 부활절 음악과 집시의 음악이 혼합되어 있는 것을 보면 눈에 보이는 정원의 인상을 표현하려 한 것 같지는 않다. 그러니까 〈스페인 정원의 밤〉에서는 〈헤네랄리페 정원에서〉가 가장 중심이 되는 셈이다.

〈헤네랄리페 정원에서〉는 마치 그라나다 대성당의 종소리가 울리는 것처럼 시작된다. 이 곡은 헤네랄리페의 밤에서 느끼는 인상을 음악으로 옮긴 것이라고 말할 수 있겠는데 관현악의 흐름을 타고 울리는 피아노의 아르페지오 소리는 정원의 물소리를 연

알바이신에서 본 신비한 그라나다의 황혼.
왼쪽 산 중턱에 헤네랄리페가 보인다.

상하게 한다. 이 곡은 피아노 협주곡과 같은 형식을 취하고는 있지만 피아노 소리는 마치 헤네랄리페의 물소리처럼 두드러지게 튀지는 않는다. 그런데 이 곡에서는 뭔가 모르는 우수가 전반적으로 흐른다. 어쩌면 천국을 잃어버린 자들의 탄식 소리일까?

헤네랄리페와 헤네랄리시모

파야는 파리생활을 마친 후 마드리드에서 활동하다가 1920년에는 아예 그라나다로 이주했다. 이곳에서 안달루시아의 민중시인

페데리코 가르시아 로르카 Federico Garcia Lorca와 함께 안달루시아의 민속음악을 발굴하고 정제하는 데 힘을 쏟았다. 그러다가 고뇌와 비극이 시간이 찾아왔다.

1936년 7월 17일 프란시스코 프랑코 장군이 쿠데타를 일으켜 스페인은 본격적으로 좌우익이 격돌하는 내전에 돌입했다. 내란이 시작되자마자 프랑코 장군은 좌익 성향의 시인 로르카의 작품을 금지했고 로르카는 어디론가 끌려갔다. 파야는 그의 생명을 구하기 위해 프랑코 장군에게 탄원했지만 로르카는 결국 그라나다 근교에서 총살당하고 말았다. 사랑하는 동료의 비극적인 최후는 파야의 마음에 깊은 상처를 남겼다.

수많은 무고한 인명을 앗아간 내전은 1939년 봄 프랑코 장군의 승리로 종결되었다. 영어의 '장군' 제너럴 general은 스페인어에서는 '헤네랄'이라고 발음한다. 프랑코 장군은 '헤네랄' 정도가 아니라 위대한 장군, 대장군이란 뜻으로 헤네랄리시모 Generalisimo 라고 불렸다.

파야는 프랑코 정권이 들어서자 짐을 싸서 남미의 아르헨티나로 이주해 버렸다. 프랑코 정권은 그에게 상당한 금액의 연금을 제의하고 조국으로 돌아오라고 여러 번 요청했지만 파야는 매번 이를 거절했다. 파야는 먼 이국땅에서 7년을 보내고 1946년 11월 14일 70회 생일을 며칠 앞두고 숨을 거두었다.

마지막 순간까지 그는 '헤네랄리시모'란 말은 듣기 싫었

이탈리아 티볼리의 빌라 데스테 정원의 영향을 받은
르네상스풍의 물이 있는 정원

던 모양이다. 그가 끝까지 마음속에 간직하고 싶었던 것은 헤네랄리페가 아니었을까? '지상의 천국'을 잃어버렸던 나스르왕조의 마지막 왕 보압딜이 알함브라와 헤네랄리페를 그리워했던 것처럼. §

■ 영국 | 런던 | 그린 파크
> 헨델(1685 – 1759) | 왕궁의 불꽃놀이 음악

재앙이 될 뻔했던 평화의 음악축제

매일 오전 11시 30분, 버킹엄궁전 앞에서는 근위병 교대식이 실시된다. 교대식을 보러 몰려온 인파들로 궁전 앞은 북적거린다. 사람들 틈에서 왕실 근위병 군악대의 연주에 귀 기울이고 있는데 내 눈길은 버킹엄궁전 북쪽에 있는 그린 파크 쪽으로 자꾸 쏠린다. 사람과 차가 넘치는 도심을 벗어나 자연 속으로 뛰어들고 싶은 마음 때문만은 아니다. 관악기와 타악기를 연주하는 근위병 군악대와 많은 인파를 보니 260여 년 전 그린 파크에서 벌어졌던 대대적인 불꽃놀이 행사가 자꾸만 머릿속에 그려졌기 때문이다.

런던 상공에서 본 하이드 파크(상부), 그린 파크(중하부 오른쪽), 버킹엄궁전(하부)

푸른 공원의 도시 런던

런던이라는 도시에서 내가 가장 부러워하는 것이 있다면 무엇보다 먼저 넓은 공원들이다. 이 공원들의 상당수는 18세기에 런던 도시계획의 일환으로 조성되었다. 런던 도심에는 하이드 파크, 세인트 제임스 파크, 그린 파크, 켄싱턴 파크 등 넓은 공원들이 시민들의 숨통을 트게 해준다. 런던에서 살면 전원을 느끼고 싶어서 굳이 차를 타고 멀리 나갈 필요는 없을 것 같다. 이 공원들은 원래 영국 왕실 소유의 정원이나 사냥터였다가 나중에 대중에게 개방되었는데 유명한 하이드 파크는 이미 1637년에 개방되었다.

조지 왕정시대에는 런던의 중심부와 외곽에 약 50개의 공원이 조성되었다. 특히 템즈 강 남쪽에 조성된 복스홀 가든Vauxhall Gardens은 지금은 없어졌지만 당시 가장 유명한 공원이었다. 이 공원에는 가로수가 늘어선 산책로가 있었고 밤에는 색등이 밝혀졌으며, 정자와 동굴 모양으로 꾸민 방과 휴게소 식당 등이 갖추어진 일종의 '놀이공원'이었다. 영국 고유의 양식은 아니었지만.

나의 눈길은 다시 버킹엄 궁전 쪽으로 향한다. 교대식이 끝나고 군악대가 행진하면서 연주하는 음악이 멀리 사라지자 그 많은 인파들도 이리저리 흩어지기 시작한다. 나의 발걸음은 그린 파크 쪽으로 향한다. 이 공원의 넓이는 19헥타르 정도가 되니 다른 공원에 비하면 좀 작은 편이다. 이 공원은 '푸른Green'이라는 형용사가 붙어있다. 공원이면 당연히 푸른 잔디와 푸른 나무들이 있는데 왜 새삼스럽게 'Green'일까? 그린 파크는 런던의 다른 공원들과는 달리 호수도 없고 알록달록한 꽃장식도 없는 그야말로 오로지 푸른색 일색의 공원이기 때문이리라. 그러니까 그린 파크는 영국식 정원의 전형인 셈이다. 자연을 기하학적인 건축처럼 보이게 하는 화려한 이탈리아식 정원이나 프랑스식 정원과는 달리 영국식 정원은 자연을 가능한 '자연스럽게' 보이도록 하는 편이다. 이 공원이 시민들에게 개방된 것은 조지 2세가 재위할 때였다.

오스트리아 왕위계승전의 승리자 조지 2세

조지 2세라면 하노버 왕조를 연 (독일인) 조지 1세의 아들로 부왕이 1728년에 갑자기 서거하자 그를 이어 왕위에 올랐다. 조지 2세는 아버지 조지 1세처럼 영어가 서툴렀고 아둔한 성격에 외모는 다소 촌스러웠다. 하지만 왕과 왕비 카롤리네는 대단한 음악 애호가였다. 같은 독일 사람인 헨델이 영국에 정착하여 크게 활동할 수 있었던 것도 바로 음악을 사랑하는 왕과 왕비의 덕택이었기도 했다.

조지 2세가 치세하던 1740년 유럽에서는 '오스트리아 왕위

버킹엄궁전에서 교대식을 마치고 그린 파크 정문 앞을 지나는 왕실 근위대 군악대

그린 파크에서 산책하는 사람들

계승전'이라는 아주 큰 전쟁이 터졌다. 이 전쟁은 합스부르크 왕가의 마리아 테레지아가 카를 6세를 계승하여 왕위에 오르는 것이 불법이라는 구실을 내세운 강대국들의 이해가 서로 얽혀 있었기 때문에 일어난 것인데, 당시 유럽의 법에 의하면 여자는 왕위를 계승하지 못하게 되어 있었다. 혈기 왕성한 국왕 조지 2세는 1743년에 직접 군대를 이끌고 전투에 참가하기도 했다.

 8년이나 지속된 전쟁은 1748년에 끝나고 독일의 아헨Aachen: 프랑스식 이름은 엑스 라 샤펠Aix-La-Chapelle에서 평화조약이 조인되었다. 조지 2세도 선왕처럼 런던에 있는 날보다는 독일 하노버에 있는 날이 더 많았지만, 이 전쟁에서의 승리만큼은 런던에서 보란 듯이 크고 멋지게 기념하고 싶었다. 그래서 다음 해인 1749년 4월 27일에 그린 파크에서 대대적인 불꽃놀이 축하행사를 계획했고 이때 연주할 음악을 헨델에게 의뢰했다.

아수라장이 된 불꽃놀이 행사

본 행사에 앞서 최종 리허설은 4월 21일에 복스홀 가든에서 하기로 했다. 대형 리허설을 직접 보고자 유료임에도 불구하고 1만 2천 명이 넘는 인파가 몰려들었다. 군중들이 한꺼번에 몰려들면서 교통이 마비되는 바람에 마차들이 길에서 세 시간 동안 옴짝달싹 못한, 런던 역사상 처음으로 발생한 교통체증이었

그린 파크 안에서 점심 식사하며 수업하는 초등학생들

다고 한다.

　엿새가 지난 4월 27일, 수많은 시민이 몰려든 그린 파크에서 본 행사가 열렸다. 왕실의 축하행사답게 거대하고 화려한 무대가 설치되었는데, 이것은 세르반도니 Servandoni 라는 이탈리아식 예명을 쓰는 프랑스 건축가가 심혈을 기울여 제작한 것이었다. 드디어 100개의 관악기와 타악기에서 장려한 음악이 봄날 저녁 하늘에 울려 퍼지고, 곧 음악에 맞추어서 불꽃이 하늘에서 터지기 시작하자 사람들은 모두 탄성을 질렀다. 그렇게 분위기가 한창 고조될 무렵에 전혀 예상치 못한 사고가 발생했다. 세르반도니가 만든 무대에 장식된 조지 2세의 조각이 갑자기 쓰러지더니 무대의 일부가 무너져 내리면서 목조로 된 무대에 불이 붙어 버렸다.

　이 바람에 축제가 아수라장이 되었고 화가 머리끝까지 난 건축가 세르반도니는 칼을 빼들고 행사기획 총책임자에게 달려들었다. 그는 살인미수 혐의로 체포되었으나 용서를 구하여 다음 날 방면되었다. 이런 난리통에도 헨델의 음악만큼은 굉장히 성공적이었다고 전해진다.

왕실 주최 불꽃놀이용 음악

260여 년 전 그린 파크에서 울려 퍼진 헨델의 걸작 〈Music for the Royal Fireworks〉는 우리말로 〈왕실 주최 불꽃놀이 음악〉으로 번역되기 때문에 불꽃놀이를 왕궁에서 한 것처럼 오해하기 쉽다. 혹자는 그린 파크가 버킹엄궁전 바로 옆에 있으니 〈왕실 주최 불꽃놀이〉라고 해도 되지 않겠느냐 라고 생각할 수도 있겠다. 하지만 당시 버킹엄궁전은 개인 소유의 별장으로 왕궁은 아니었고 조지 2세의 아들 조지 3세가 이것을 매입한 것은 1761년의 일이었다. 그래서 이 곡의 제목을 굳이 정확하게 하자면 '왕실 주최 불꽃놀이용 음악'이라고나 할까?

　이 곡은 다섯 개의 곡으로 나뉘어져 하나의 흐름을 형성하

그린 파크. 문자 그대로 오로지 초록색이다.

그린 파크 안쪽에서 본 버킹엄궁전

고 있다.

1. 서곡 Ouverture: Adagio, Allegro, Lentement, Allegro
2. 부레 Bourrée
3. 평화 La Paix: Largo alla siciliana
4. 기쁨 La Réjouissance: Allegro
5. 2개의 미뉴에트 Menuets I & II

이 곡은 230여 년이 지난 1981년에 영국 왕실에서 헨델 시대의 불꽃놀이를 재현한 공연으로 더욱 유명해졌는데 바로 찰스 황태자의 결혼식을 축하하기 위한 것이었다.

한편 헨델이 활동하던 시대의 그린파크는 왕실이 주최하는 이러한 화려한 행사가 열리는 아주 품위 있는 장소였겠지만, 밤이 되면 이곳 분위기는 완전히 딴판이었다. 런던의 매춘부란 매춘부는 모두 이곳에 모여들어 '야간영업'을 했다고 하니 말이다. 해가 지면 런던시 당국은 공원 출입문이란 문은 죄다 굳게 잠궜다고 하는데 어떻게 이런 일이 있을 수 있었을까? 문제는 당시 그린파크의 출입문 열쇠를 갖고 있던 사람들이 자그마치 6500명이나 되었다고 하니……. §

■ 핀란드 | 헬싱키 | 시벨리우스 공원
❞ 시벨리우스(1865–1957) | 〈핀란디아〉

오, 아름다운 아침이여, 밤의 장막은 걷히었도다

헬싱키 항구의 남서쪽 카이보푸이스토 Kaivopuisto 공원에서 길 잃은 사람처럼 두리번거리고 있는데, 어린아이를 데리고 산책하던 젊은 부부가 내게 다가와 영어로 말을 건넨다.

"도와드릴까요?"

"핀란드 독립을 기념하여 심은 나무를 찾고 있습니다만…."

"아, 외국인이 그것을 찾다니… 바로 저기 있습니다."

"키이토스! Kiitos!"

나는 젊은 부부에게 핀란드어로 감사의 말을 하고 나무 앞에 섰다.

핀란드는 스웨덴의 한 지방으로 존속하다가 19세기에 스

시벨리우스 기념 조형물 아래에서 본 북유럽의 하늘

항구에서 본 헬싱키 전경

웨덴이 러시아와의 전쟁에서 패배하는 바람에 러시아의 지배하에 놓이게 되었는데, 핀란드라는 지명이 정식으로 나라 이름이 된 것은 러시아 10월 혁명이 일어난 직후인 1917년 12월 6일 러시아로부터 독립을 선언한 다음부터이다.

  핀란드는 독립을 기념하여 이곳에 나무만 한 그루 심었을 뿐이다. 지금도 독립기념관 같은 것은 없다. 독립기념관을 훌륭하게 설계할 만한 뛰어난 건축가가 없어서 그런 것도 아니고, 독립기념관을 지을 돈이 없어서 그런 것도 아니고, 애국심이 없어서 그런 것도 아니다. 솔직한 얘기로, 거창한 기념관을 세워 이웃 나라의 속국이었다는 것을 보란 듯이 강조할 필요가 있을까? 지배한 나라를 앞질러 가려는 의지가 조금이라도 있다면 말이다.

핀란드는 현재 인구가 550만 정도밖에 안 되니 그야말로 소수민족의 나라이다. 그러나 약소민족의 나라는 절대 아니다. 약소민족이냐 아니냐는 그 민족의 의지에 달려 있다.

지혜로 고난을 이겨낸 앞서가는 민족

헬싱키 항구 가까이 언덕 위에 세워진 신고전주의식 대성전 Tuomokirkko은 시가지의 초점을 이룬다. 모든 세상을 어둠으로 덮어 버릴 듯한 장막 같은 검은 구름 사이로 한 줄기 햇빛이 대성전 위에 떨어진다. 지표를 뚫고 솟아오른 듯한 하얀색의 대성전은 검은 하늘과 강한 대비를 이룬다. 어떻게 보면, 혹독한 고통을 슬기롭게 이겨내고 앞서가는 핀란드 사람들의 기상을 상징하는 듯하다.

이 광경을 보면서 합창곡 〈핀란디아 송가〉의 1절 가사를 음미해 본다.

> 오, 핀란드여, 보아라, 그대의 날이 밝아오는 것을!
> 험난한 밤의 장막은 이제 걷히었도다.
> 떠오르는 태양 빛을 안고 나는 아침 종달새의 노래는

이 날을 맞이하는 천국의 노래 같도다.
여명이 다가옴에 밤의 세력은 물러가고
우리의 조국에는 새로운 날이 밝아오는도다.

핀란드에 새로운 날이 밝아왔다. 제2차 세계대전 이전까지만 하더라도 가난했던 핀란드는 지금 지구상에서 여러모로 최고의 모범이 되는 나라가 되었으니 말이다. 공직자들이 전 세계에서 가장 청렴한 나라, 세계에서 가장 깨끗한 자연환경을 지니고 있는 나라, 스웨덴도 부러워할 정도로 앞선 사회복지제도를 갖춘 나라, 가장 효율적인 교육제도를 갖춘 나라, 게다가 인구비율로 볼 때 도서관, 오케스트라, 합창단이 가장 많은 나라이고, 좋은 건축이 가장 많이 세워지는 나라이다.

핀란드를 이해하려면 먼저 3S부터 알아둘 필요가 있다. 즉, 사우나sauna, 시벨리우스Sibelius, 시수sisu이다. 사우나는 누구나 다 잘 알고 있는 것이고, 시벨리우스라면 후기 낭만파 음악의 대가이다. 그럼 마지막 S에 해당하는 시수는 무엇일까? 핀란드어 시수sisu는 우리말로는 '집요함' 또는 '악착같음' 정도로 번역될 수 있겠는데 사실 이 말처럼 핀란드 사람들의 기질을 단적으로 말해주는 것은 없는 것 같다.

오늘날의 핀란드를 이룬 원동력은 '시수+지혜'에서 나온 것이 아닐까 생각한다.

소련의 침공으로부터 핀란드를 구한 만네르헤임 장군 동상. 그는 젊었을 때 러시아 황제의 근위대장교였다.

사실 핀란드에 '새로운 날'이 그냥 밝아온 것은 아니다. 핀란드는 혹독한 고통을 이겨내고 지혜와 현명함과 집요함으로, 또 아집과 고집이 아닌 화합과 배려를 통하여 남이 부러워하는 상향 평준화된 선진사회를 이루었던 것이다.

핀란드는 강대국 사이에 끼어 있지만, 침략을 받았을 때는 굴하지 않고 과감히 맞서 싸웠으며, 평화 시에는 주변 강대국들을 적절히 이용하면서 실리를 챙겼다.

1939년 발트해 3국을 쉽게 삼키고 난 스탈린은 핀란드도 단숨에 삼키려고 약 45만의 대군을 보냈다. 그런데 핀란드는 다른 나라의 도움 없이 만네르헤임 장군이 이끄는 소수의 군대는 무적의 붉은 군대를 궤멸시켜 세계를 놀라게 했다. 하지만 핀란드는 장기전에 돌입하여 고통을 당하는 대신에 동부 카렐리아 지방 일부를 소련에 떼어주고 평화협정을 맺었다. 당시 핀란드는 전체 인구의 1/5에 해당하던 40만 명의 카렐리아 주민들을 소련 땅이 될 카렐리아에는 한 사람도 남기지 않고 모두 서쪽으로 이주시켰다. 즉 국가가 한 사람의 국민도 끝까지 철저하게 보호했던 것이다.

그 후 핀란드는 소련을 견제하기 위해 어쩔 수 없이 나치독일과 손잡는 바람에, 종전 후에는 소련에 대하여 엄청난 전쟁피해 배상금도 물어야 했다. 하지만 핀란드는 '시수' 정신으로 배상금을 기한 내에 완불했다. 이런 예는 지구상 어디서도 찾아볼 수가 없다. 그런데 핀란드는 현금이 아니라 핀란드산 공산품으로 전쟁배상을 했기 때문에 배상이 끝난 다음 핀란드 제품은 소련 사람들에게 인지도가 높아 결국에는 넓은 소련 시장을 석권하기에 이르렀다.

핀란드는 동서 냉전체제 하에서는 동서 간의 중재자 역할을 하면서 이익을 챙겼다. 동서냉전체제가 무너진 다음, 최대 시장이던 소련이 와해되자 핀란드는 경제적으로 심각한 위기에 처했지만 자국민을 위한 복지정책만큼은 조금도 포기하지 않았으며 다시 '시수' 정신으로 무장하여 몇 년 뒤에 다시 일어섰다. 이는 국가가 국민을 철저히 보호했고, 국민은 국가를 철저히 믿었기 때문에 가능한 일이었다.

특이한 민족, 특이한 언어

헬싱키 시내 중심가에서 전차를 타고 시벨리우스 공원으로 향한다. 전차는 도시의 외곽 쪽으로 미끄러지듯 빠져나간다. 내 뒤에 앉은 사람들은 계속 스웨덴어로 이야기를 나누고 있다. 핀란드에서는 스웨덴어가 공용어이니 이런 광경은 흔하다.

'핀란드'라는 지명은 스웨덴 사람들이 붙인 것이고 핀란드 사람들은 자신의 나라를 수오미 Suomi 라고 한다. 핀란드 인구의 6% 정도는 스웨덴어를 모국어로 하는데, 핀란드는 소수에 대해서도 철저히 배려하여 스웨덴어도 공용어로 사용하고 있기 때문에 모든 지명과 공문서는 핀란드어와 스웨덴어로 병기되어 있다. 그러고 보니 시벨리우스도 스웨덴계이다.

헬싱키에서는 '공용어'가 또 하나 있다. 이곳에서는 영어가 어느 곳에서나 통하니 영어는 비공식 공용어인 셈이다. 혹자는 그게 뭐 대단한 일이냐 라고 하겠지만, 서양이라고 해서 영어가 모두 소통된다고 생각하면 큰 착각이다. 영어가 통하는 곳보다 통하지 않는 곳이 훨씬 더 많기 때문이다. 게다가 핀란드어는 에스토니아어 헝가리어와 함께 우랄어족에 속하기 때문에 인도유

헬싱키의 시각적 초점을 이루는 대교회와 원로원 광장의 여름 새벽 4시경

럽어족이 주종을 이루는 다른 서양 언어들과 비교하면 문법체계와 단어도 완전히 다르다.

핀란드 사람들은 이런 희귀한 핀란드어를 가꾸고 지키는데 매우 민감하다. 심지어 그 흔한 '컴퓨터'라는 단어도 자기네 나라말로 '셈하는 기구', '셈틀'이라는 뜻으로 '티에토코네 tietokone'라고 고쳐서 쓸 정도이다. 즉 이들은 자신의 정체성을 지켜 주는 모국어는 외국어의 오염으로부터 철저히 보호해 나가면서, 영어는 누구나 각자 다 알아서 잘 하는 것이다.

핀란드어에는 복잡한 발음이 별로 없고, 자음과 모음은 모두 명료하다. 또 쓰인 대로 읽으면 되니, 똑같은 모음이 겹쳐 있으면 길게 발음하면 되고, 똑같은 자음이 겹쳐 있으면 이탈리아어처럼 모두 분명하게 따로따로 발음하면 그만이다. 사실 핀란드어는 이탈리아어처럼 노래하기에 매우 편한 언어이다. 그래서인지 핀란드 사람들은 핀란드어 오페라를 창작하는 일에 지대한 관심을 갖고 있는 것 같다. 모국어로 오페라를 창작하는 것은 민족의 정체성과 자신의 언어를 지키는 방법 중의 하나일 수도 있다. 핀란드는 오늘날 지구상에서 신작 오페라를 만들어 내는 지구상 극소수의 나라 중의 하나로, 실험적이며 독특한 오페라들을 많이 선보이고 있는데, 2000년 헬싱키가 유럽의 문화수도로 지정되었을 때에는 자그마치 14편이나 되는 신작 오페라를 선보였다.

핀란드의 상징, 건축가 알바르 알토 & 음악가 장 시벨리우스

1917년 12월 6일 러시아로부터 독립을 선언한 신생 핀란드는 강력한 문화적 잠재력을 갖춘 나라임을 전 세계에 보여주었는데 그 구심점을 이룬 인물은 음악가 장 시벨리우스 Jean Sibelius: 1865-1957 와 건축가 알바르 알토 Alvar Aalto: 1898-1976 였다.

　　알바르 알토는 20세기 건축과 디자인에 관한 한 핀란드의 위상을 국제적으로 끌어올려 놓았으며 핀란드의 건축을 30년 동안 이끌면서 핀란드 문화의 합리적이고 낭만적인 요소를 융합한

시벨리우스 기념조형물과 바위 위에 세워진 시벨리우스 조각

건축을 추구했다. 반면, 그의 한참 선배가 되는 후기낭만파의 대가 시벨리우스는 핀란드가 어디에 있는지조차 모르는 나라에서도 잘 알려져 있을 정도였다. 물론 그의 핀란드식 이름 유호Juho는 프랑스식으로 장Jean으로 고쳐 썼기 때문에 서양의 다른 나라 사람들에게는 덜 생소하게 들렸을 것이다.

시벨리우스의 작품 세계는 핀란드의 자연과 민족설화를 담은 대서사시 〈칼레발라Kalevala〉에 대한 애착으로 가득 차 있다. 오랫동안 구전으로만 내려오던 〈칼레발라〉는 뢴로트라는 학자가 정리하여 1835년에 처음으로 출판했고 자료를 더 보충한 완결판을 1849년에 출판했는데, 칼레발라의 출판은 핀란드 사람들에게 민족의 정체성을 일깨워 주는 계기가 되었다. 베를린과 빈에서 유학한 시벨리우스는 자신이 핀란드 사람임을 더욱 뼈저리게 느끼고 칼레발라에 더욱 심취했던 것이다.

그는 핀란드어 오페라를 쓰지는 않았지만 그의 작품 속에는 민족 서사시에서 보이는 핀란드어의 음운을 음악에 표현하려고 한 흔적이 곳곳에 보인다. 또 그는 20세기 초 유럽음악의 어지럽다고 할 정도의 실험적 운동에서 거리를 두고 있었기 때문에 반음계나 불협화음을 거의 쓰지 않았다. 그러니까 당시 다른 음악가들이 여러 가지 색깔로 별의별 칵테일을 만들고 있을 때, 그는 그저 맑고 깨끗한 샘물을 제공하고 있었던 것이다. 마치 오염되지 않은 핀란드의 자연환경처럼, 군더더기 없이 간결하고 신선한 핀란드의 건축이나 디자인처럼.

장엄한 침묵의 소리가 들리는 공원

내가 탄 전차가 마침내 시벨리우스 공원에 도착했다. 이 공원은 헬싱키 중심가에서 북서쪽으로 떨어진 한적한 호숫가에 조성되어 있는데 인위적인 흔적이라고는 별로 보이지 않는다. 오로지 호수, 숲, 바위, 땅 모두 있는 그대로이다. 그러니 자연의 적막함 속에 휩싸여 있는 신비스러운 성역 안에 와 있다는 느낌이 든다. 오로지 바람이 스쳐가는 소리와 새들의 노래만 들릴 뿐이다. 이 공원에서 구심점을 이루고 있는 것은 바위 위에 올려져 있는 수백 개의 크고 작은 은빛의 금속 파이프 다발들이 물결치는 듯한 형상을 이루고 있는 추상 조형물이다. 그 옆 바위 위에는 시벨리우스의 초상조각이 올려져 있다.

시벨리우스가 1957년에 세상을 떠난 다음 시벨리우스 협회가 창립되었는데 이 협회는 국민들의 성금으로 시벨리우스 기념비를 세우기로 계획하고 공모전을 1961년과 1962년에 걸쳐 두 차례 열었다. 핀란드 사람들은 일반적으로 상당히 내성적이어서 말이 별로 없다. 하지만 건축이나 디자인에 관한한 이들은 입을 절대 다물지 않는다. 이 공모전에는 50명이 참가했는데 심사가 진행되면서 구상조각으로 할 것인지 아니면 추상조각을 할 것인지를 두고 전 국민이 완전히 둘로 갈라져 격렬한 논쟁을 벌였다.

　　먼저 1차 심사에서 5개의 계획안을 선정한 다음, 국제적으로 저명한 외국 작가 3명도 심사위원단에 포함시켜 최종 심사과정을 거쳤다. 그러니까 다른 나라 사람들이 봐서도 수준이 있는 훌륭한 작품을 선정했던 것이다. 최종 당선작은 당시 40대의 여성 조각가 에일라 훌티넨E. Hulttinen의 작품. 원래 구상조각에 뛰어났던 훌티넨은 당시 금속재료를 다루면서 추상조각가로 변신하고 있었다. 온 국민들이 열띤 논쟁은 결국 추상조형물 쪽으로 가닥이 잡혀서 핀란드 역사상 처음으로 추상조각이 세워지게 되었던 것이다.

　　하지만 구상조각을 선호했던 사람들의 불만이 수그러지지 않자 조직위원회 측은 그들의 입장도 배려하여 훌티넨에게 구상적인 요소도 첨가해 줄 것을 요청했다. 이리하여 시벨리우스의 초상조각이 첨가되었던 것이다. 시벨리우스의 얼굴은 만년의 모습이 아니라 창작열에 불타던 시절의 모습이다.

　　수백 개의 금속 파이프를 용접하여 제작한 이 조형물은 엄정한 표현력과 독창성이 돋보이는데 중후한 인상을 주면서도 그리 무겁게 느껴지지 않는다. 금속 파이프의 은빛 표면은 시시각각으로 바뀌는 북유럽 하늘 빛을 반사한다. 파이프의 용접한 흔적과 거칠게 처리된 표면은 전나무와 자작나무 숲으로 이루어진 북유럽 특유의 대자연의 일부처럼 느껴진다. 특히, 파이프 오르

시벨리우스 기념조형물 아래에서 본 공원. 인공적인 흔적이라곤 전혀 보이지 않는 자연 그대로이다.

시벨리우스 공원의 호수.
인위적인 흔적이 없는 자연 그대로이다.

간을 연상하게 하는 그 형상은 시벨리우스의 음향세계로 인도해 주는 듯하다. 비록 시벨리우스 작품 중에는 오르간 음악이라고는 하나도 없지만……. 또 이 조형물은 검은 구름이 하늘을 가리고 폭풍우가 몰아칠 때면 함께 격노하는 듯하고, 검은 구름을 뚫고 나오는 한줄기 햇살이 그 위에 떨어지면 새들의 노래와 호수에서 불어오는 바람에 반향하는 듯하다.

이러한 광경은 시벨리우스의 교향시 〈핀란디아〉 Op.26을 연상하게 한다. 이 곡은 어둡고 불안한 듯하면서도 힘찬 금관악기들의 합주로 격정적으로 시작한다. 단호한 금관악기의 리듬이 격렬하게 울리고 차츰 고조되어 야성적인 음향이 울리다가는 중간부에서 우수에 찬 멜로디가 목관에서 현으로 옮겨지면서 고요하게 성가 풍으로 노래하듯 전개되다가 웅장하게 끝맺는다.

이 곡은 러시아가 핀란드를 더욱더 러시아화하기 위해 억압정책을 펴던 때이며 또 새로운 세기가 도래하기 바로 직전인 1899년, 핀란드의 극작가 레이노 E. Leino 와 핀네 J. Finne 가 핀란드의 역사를 6개의 장면으로 만든 극 중에서 마지막 장면 〈깨어라, 핀란드여!〉에 붙인 음악이 시초가 된다. 다음 해인 1900년, 파리만국박람회에 러시아를 구성하는 한 민족으로 핀란드도 참가하게 되는데, 이때 시벨리우스는 기존의 곡에 다시 손을 대어 발표하게 된다. 하지만 이 곡은 핀란드인들의 민족의식을 크게 고취시켰기 때문에 러시아 당국은 이 곡을 〈핀란디아〉라는 제목으로 연주하는 것을 철저히 금지했다.

한편, 교향시 〈핀란디아〉에서 성가 풍의 선율에 가사가 붙여져 〈핀란디아 송가 Finlandia-hymni〉라는 제목으로 따로 불리기 시작한 것은 1941년, 즉 소련에 대항하여 힘겹게 싸우고 있을 때 국민들의 애국심을 다시 한 번 고취시키기 위한 목적이 있었으리라. 이후 1948년 제2차 세계 대전이 끝나고 핀란드가 전쟁으로 피폐해진 경제를 극복하고 궤도에 오르기 시작할 무렵 시벨리우스는 이것을 손수 4부 합창곡으로 만들었다.

나중에 이 곡은 전 세계 합창단들이 한 번쯤 불러보는 명곡이 되었으며 심지어 개신교 교회에서는 성가로도 사용되고 있다. 이 곡은 현재 핀란드에서는 국가國歌 〈우리의 조국 Maamme〉보다도 더 사랑 받는 비공식 국가이다.

노병들의 눈물

시벨리우스 공원에는 가끔씩 관광버스가 온다. 핀란드를 잘 모르는 외국인 관광객들은 관광 안내원에게 '베토벤 기념상이 왜 여기에 있냐' 또는 '시벨리우스가 누구냐' 하고 묻고는 금방 발걸음을 돌리는데, 그럴 때면 안내원의 인상은 일그러진다. 시벨리우스의 근엄한 얼굴이 베토벤과 비슷하니 시벨리우스를 모르는 사람들은 혼동할 만도 하다.

또 다른 버스가 도착했다. 이번에는 백발이 성성한 노인들이 15명 정도 내렸는데 그중 몇 사람은 휠체어를 타고 있고, 몇 사람은 한쪽 다리가 없고 몇 사람은 한쪽 팔이 없다. 모두 한결같이 가슴에 훈장을 가득 달고 있는 것을 보니 젊었을 때 소련의 침공에 맞서 싸운 역전의 용사들임을 직감할 수 있었다. 이들은 헬싱키 북쪽 도시 라흐티 Lahti 사람들로 전쟁 기념식에 왔다가 이곳에 들렀다고 한다.

몇 분 후에 또 다른 버스가 왔다. 이번에는 모두 40~50대쯤 되는 남녀 30여 명이 내렸는데 이들은 핀란드 제2의 도시 투르쿠

시벨리우스 공원과 방문객들. 시벨리우스는 핀란드를 상징하는 음악가이다.

Turku에서 헬싱키로 연주하러 온 아마추어 합창단이었다. 지휘자인 듯한 여자가 카메라를 들고 내게 다가와 시벨리우스 기념상을 배경으로 단체 사진을 찍으려는데 셔터를 눌러 줄 수 있겠느냐고 했다. 나는 웃으면서 조건을 걸었다. 시벨리우스 공원에서 합창을 듣고 싶으니 사진 찍은 후에 한 곡을 선사한다면 셔터를 눌러 주겠다고 했다. 셔터를 눌러주고 나서 내가 핀란드어를 조금 구사하자, 그녀는 반가워하며 내게 악보를 아예 한 장 건네주면서 같이 노래하자고 했다. 건네받은 악보는 핀란드어로 된 〈핀란디아 송가〉였다. 이리하여 나는 졸지에 이 합창단에 합류하게

바위 위에 세워진 시벨리우스 기념조형물

되었다. 〈핀란디아 송가〉가 합창으로 흘러나오자 노병들을 비롯해 공원에 있던 사람들이 모두 우리 주변으로 몰렸다.

1절이 끝나고 2절이 울려 퍼졌다.

> 오, 핀란드여, 일어나 고개 들고 영광을 바라보라!
> 빛나는 왕관을 기억 위에 자랑스레 씌워 보라!
> 오, 핀란드여, 일어나 역사에게 말하라,
> 노예의 멍에가 어떻게 벗어 던져졌는지를!
> 그대가 어떠한 억압에도 굴하지 않았기에
> 우리 조국에 새날이 밝아왔도다.

우리가 노래를 부르는 동안 몇몇 노병들은 불편한 몸으로 부동자세를 취하고 있었다. 2절이 끝날 무렵 몇몇 노병의 얼굴에는 깊이 패인 주름살 사이로 눈물이 흘러내리고 있었다. 젊음을 바쳐 나라를 지킨 보람을 느끼고 있는 것이었을까? §

4
유럽의 안식의 집에서

스페인 | 팔마 데 마요르카 | 안익태 유택
안익태 | 〈애국가〉

프랑스 | 생장드뤼즈&시부르 | 라벨 생가
라벨 | 볼레로

오스트리아 | 빈 | 하일리겐슈타트 베토벤하우스
베토벤 | 교향곡 6번 〈전원〉

오스트리아 | 힌터브륄 | 휠드리히스뮐레
슈베르트 | 《겨울여행》 중에서 〈보리수〉

■ 스페인 | 팔마 데 마요르카 | 안익태 선생 유택
안익태(1906-1965) | 〈애국가〉

지중해의 '동해물과 백두산이…'

런던 뮈벡
파리 프라하
베르사유 슈반가우 빈 부
   루체른 힌터브륄
생장드뤼즈 베네치아
   피렌체
마드리드 티볼리
   팔마 데 마요르카 로마
그라나다

"여러 나라 국가를 들어봤지만 이렇게 멋진 국가는 난생처음 들어봅니다. 프랑스 국가보다 훨씬 더 멋지군요."

월드컵이 한창이던 2002년. 한국과 프랑스 경기에 앞서 애국가가 울려 퍼질 때 당시 이를 중계하던 스페인 아나운서의 감탄어린 목소리가 스페인 전역에 중계되었다. 이 아나운서는 〈애국가〉를 작곡한 안익태가 스페인과 아주 밀접한 관계가 있다는 사실은 전혀 몰랐던 것 같다. 만약 그 사실을 알았더라면 더 한층 감격스러웠을 텐데. 어쨌든 아나운서의 말을 듣고 뿌듯해하던 사람들이 마요르카 섬에는 꽤 있었다. 이들은 모두 안익태를 기억하는 나이든 스페인 사람들과 안익태의 후손들이었다. 마요르카는 바르셀로나에서 동남쪽으로 떨어져 있다. 배로는 7~8시간 걸

안익태 선생의 유택.
롤리타 여사는 남편의 추억을 가슴속 깊이 간직한 채 평생을 이곳에서 살았다.

리고 비행기로는 20분 정도 거리에 있는 지중해의 섬이다.

마요르카는 온화한 기후와 느긋한 삶이 있는 환상의 섬이다. 이 섬의 수도는 팔마 데 마요르카 Palma de Mallorca. '마요르카의 야자수'라는 뜻으로 지명에서도 남국의 정취가 흠뻑 느껴진다. 이를테면 마요르카는 '지중해의 하와이'라고 불릴 수도 있겠다. 제주도보다 약간 큰 이 섬에는 1년에 자그마치 천만 명 이상의 휴양객이 몰려온다. 이곳을 많이 찾는 사람들은 주로 중부와 북부 유럽 사람들인데 그중 독일 사람들이 압도적으로 많다. 마치 독일이 이 섬을 몽땅 전세라도 낸 듯. 중부 유럽사람들이 이곳을 찾는 것은 최근의 일만은 아니다. 1841년 쇼팽과 그의 연인 조르주 상드도 파리를 떠나 이곳을 찾았다. 불행히도 그들은 겨울에 와서 고생만 하다가 돌아갔지만 그들이 머물렀던 발데모사 수도원은 연중 관광객들의 발길이 끊이지 않는다.

매력 넘치는 작은 세계 마요르카는 어떻게 보면 천지창조 때부터 꿈을 찾는 인간들을 위해 완벽하게 창조된 듯하다. 구름 덮인 높은 산, 바다로 내리꽂히는 절벽, 고운 백사장, 밝은 햇살과 부드러운 바람, 그윽한 꽃향기……

연인과 함께 새 보금자리로

〈애국가〉의 작곡가 안익태도 유럽을 떠돌아다니다가 사랑하는 아내와 함께 이곳에서 안식을 찾았다. 후기 낭만파 음악의 대가였던 독일의 리하르트 슈트라우스가 아끼는 수제자였던 안익태. 그는 미국과 유럽 등 세계 유수의 교향악단의 객원 지휘자였다. 일제 강점기 시대였으니 그가 지니고 있던 여권은 우리나라 여권이 아니라 일본 여권이었다.

그가 스페인 땅을 밟게 된 것은 그의 파리음악회로 거슬러 올라간다. 그러니까 2차 세계대전 후기, 그는 파리에서 프랑스 라디오 오케스트라와 음악회를 준비하다가 연합군이 파리를 향해 진격한다는 소식을 접한다. 급히 피난처를 찾다가 스페인 대사관의 주선으로 그는 스페인으로 가게 되었는데 당시 스페인은 세계대전에 참전하지 않았기 때문에 전쟁의 파괴로부터 안전했고 또 큰 음악회도 많았다. 그가 도착한 곳은 바르셀로나. 그곳에는 유명한 음악가가 오면 저택에 초대하던 음악계의 유지가 있었는데, 안익태는 이 유지의 딸인 마리아 돌로레스 탈라베라와 사랑에 빠지게 되었다. 9세 연하의 이 아가씨는 전공이 문학이었고 애칭으로 롤리타라고 불렸다.

두 사람은 2년의 열애 끝에 1946년 7월 5일에 결혼식을 올렸고 꿈의 섬 마요르카를 신혼의 보금자리로 삼았다. 그리고 이곳에서 아나 세실리아, 엘레나, 레오노르 세 딸이 태어났다. 마요르카에 정착한 안익태는 시정부와 지방 유지들을 설득하여 음악 불모지나 다름없는 이곳에 마요르카 교향악단을 설립했다.

팔마 데 마요르카의 전경

서울과 마요르카에서 만나다

내가 안익태 선생의 미망인 롤리타 여사와 가족들을 처음 만난 것은 2005년 3월 애국가 저작권을 우리나라에 영구 기증하기 위해 그분들이 한국을 방문했을 때였다. 당시 아리랑 TV 구삼열 사장의 저녁 초대에 자리를 같이 한 것이 인연이 되어, 내가 로마로 돌아 온 후에도 서로 연락을 주고받았다. 롤리타 여사는 내가 로마에 산다는 것을 알고는 안익태 선생이 로마에서 겪었던 일을 내게 들려주었는데 나 역시 음악 관련 글을 쓰다 보니 그에 관한 일을 잘 알고 있는 터였다.

안익태 선생이 로마 오페라극장에서 《코리아 환상곡》을 지휘하자 이를 꺼려한 일본이 이탈리아 정부에 압력을 넣어 그를 이탈리아의 모든 일정을 취소하고 즉각 떠나도록 했던 것이다. 사실 안익태는 일제가 몹시 경계하던 인물이었다. 〈애국가〉는 바로 이 《코리아 환상곡》 중에 나오는 곡이다. 이 곡은 미국에서 작곡된 것으로 추측되는데 1938년 아일랜드의 수도 더블린에서 초연되었다.

내가 마요르카 섬을 방문한 것은 2007년이었다. 롤리타 여사는 여전히 정정하고 다정다감했다. 내 손을 잡고 어린아이처럼 기뻐하면서 눈물을 글썽거리기도 했다. 한국인을 좀처럼 만나볼 수 없는 마요르카에서 한국인을 만나면 너무나 반갑다고 했다.

안익태 탄생 100주년을 기념하여 팔마 데 마요르카 중심가에 세워진 기념조각

팔마 중심가에 세워진 안익태 기념조각

마요르카에서는 안익태 선생의 자취를 둘러보라고 꼭 추천하고 싶다. 다행히 막내딸 레오노르가 선생의 자취를 친절히 안내해 주었다. 먼저 팔마 데 마요르카의 번화가에 세워진 안익태 기념조각을 찾았다. 이 기념조각은 안익태 탄생 100주년을 기념하여 2006년에 경기도와 팔마 데 마요르카 시정부가 세운 것으로 유명한 마요르카의 조각가가 제작한 것이라고 한다. 이 조각에서 몇 미터 떨어진 곳에는 지휘하는 안익태와 그의 생애가 스페인어, 영어, 한국어로 새겨져 있고 애국가 악보가 있는 안내판이 있다. 이곳에서 사진을 찍고 있으니 지중해 바람결에 애국가 선율이 귓전에 스치는 것 같았다.

> 동해물과 백두산이 마르고 닳도록
> 하느님이 보우하사 우리나라 만세…

그런데 갑자기 머리가 어지러워졌다. 〈애국가〉에 대한 표절 시비가 생각났기 때문일까? 한때 어느 불가리아 음악가가 안익태 선생이 불가리아 민요를 베꼈다고 터무니없는 주장을 한 적이 있었다. 세계 유수의 오케스트라를 지휘하는 음악가가 어떻게 남의 나라 민요를 표절했단 말인가? 나라 없는 슬픔을 뼈저리며 느끼던 그가, 스코틀랜드의 민요 〈올드 랭 사인〉이 국가처럼 불리는 상황을 분통해하던 그가 남의 나라 곡조를 그대로 베꼈다는 것은 있을 수도 없고 있어서도 안 되는 일 아닌가!

　유명한 곡들 중에는 비슷한 선율로 들리는 경우가 적지 않다. 가령 세계적인 명곡인 스메타나의 〈블타바〉는 얼핏 들으면 스웨덴의 베름란드 민요와 흡사하다. 게다가 스메타나는 이 곡을 작곡하기 전 스웨덴에서 지휘자로 활동했으니 그런 시비도 걸 수 있을 것이다. 하지만 스메타나가 스웨덴 민요를 베꼈다고 생각하는 사람은 없다. 또 클래식 기타의 명곡 〈알함브라 궁전의 추억〉의 첫 부분은 비제의 오페라 〈진주조개잡이〉 중의 '로망스'와 비슷하게 들린다. 하지만 어느 누구도 이것을 시비의 대상으로 삼지 않는다. 이것은 우연의 일치일 뿐이며 또 음악적인 구조를 따져보면 전혀 다른 곡임을 알 수 있다.

　한편 우리나라 음악계 일각에서는 애국가가 음악적으로 뛰어나지 않다고 비판하며 새로운 국가를 만들어야 한다고 주장하기도 한다. 한 나라의 국가는 음악적으로 훌륭하고 않고를 떠나서 국민들의 마음을 모을 수 있느냐 없느냐가 중요하다. 가령 이탈리아는 비발디, 벨리니, 베르디, 푸치니 등 수많은 위대한 작곡가들을 배출했지만, 정작 이탈리아 국가는 19세기 이탈리아 통일 운동시대의 한 무명 작곡가가 쓴 것이다. 이 국가는 음악적 완성도를 따질 정도로 예술적 가치가 있는 곡은 아님에

팔마 데 마요르카 외곽 해변가 주택과 휴양호텔이 있는 지역에 있는 안익태 거리

꽃이 우거진 유택 정원에서
지난날을 회상하는
롤리타 여사

도 불구하고 이탈리아인들을 하나로 단결시킨다. 참고로 일본의 저명한 작곡가 단 이쿠마團伊玖磨, 1924~2001는 언젠가 요미우리신문과의 인터뷰에서 '세계에서 가장 아름다운 국가는 한국의 애국가'라고 말했다.

지중해의 꽃향기 가득한 '안익태 거리'

팔마 데 마요르카의 해변에는 '안익태 거리Carrer D'Eaktai Ahn'가 있다. 지중해의 파도소리가 들리고 남국의 꽃향기가 그윽한 이곳에는 호텔과 조용한 주택지가 몰려 있다. 여기에는 스페인어 거리표지판 위에 한글로 된 화강석의 거리표지판도 있다. 이에 대해 레오노르는 "일신그룹의 김영호 회장님이 만들어 이곳까지 손수 들고 왔습니다. 마요르카에서 다른 나라 문자로 표시된 도로명은 이것이 최초이며 또 유일합니다." 하면서 흡족한 표정을 감추지 않았다. 안익태 거리는 원래 시내 중심에 두려고 했으나 그의 이름을 붙일 만한 새로운 거리가 없어서 해변에 이름을 붙였다고 한다.

안익태 거리에서 안익태 유택을 향해 팔마 데 마요르카의 서쪽 외곽으로 향했다. 운전하던 레오노르는 아들 미겔에 대해 먼저 이야기를 꺼냈다.

"혹시, 미겔Miguel을 에키토Ekito라고 불러봤나요?

"에키토라뇨?"

"할아버지 이름을 간단히 부른 것이지요."

"아하, 그렇군요."

서양에서는 할아버지 이름을 손자가 그대로 쓰는 경우가 많다. 미겔의 경우, 그의 정식 이름은 미겔 익태 안 기엔 Muguel Eaktai Ahn-Guillen이다. '기엔'은 레오노르의 이혼한 남편의 성이다. 그런데 Eaktai라는 표기는 복잡하고 생소하기 때문에 기억하기 어렵다. 게다가 스페인 사람들은 표기된 대로 읽기 때문에 '에아크타이'라고 발음한다. 에키토 Ekito는 '익태'를 스페인 사람들에게 친근하도록 쉽게 고친 것이다. 이런 속사정을 모르는 이라면 일본식 표기가 아니냐고 시비를 걸지도 모르겠다.

그러고 보니 안익태의 친일 행적 시비도 기억난다. 안익태가 일제 강점기 때 만주국 창건 축하 음악을 작곡하여 지휘하는 모습이 담긴 필름이 발견된 것이 빌미가 되었는데, 당시의 연주가 어떤 억압상황에서 이루어졌는지에 대해서는 제대로 알려고 하지 않고 무조건 '친일 딱지'를 붙이는 것은 곤란하다. 시대적 상황을 무시하고 현재의 흑백논리 잣대로 '이것 아니면 저것'식으로 평가하는 것은 결코 현명한 일이 못된다.

베를린 올림픽 마라톤에서 우승한 손기정 선수도 가슴에 일장기를 달고 뛰었으니 친일파라고 몰아붙일 것인가? 암울했던 시대에 총 대신 지휘봉 하나로 우리 민족에게 자긍심을 불어넣어 주었던 사실은 외면할 것인가? 이러한 친일 시비는 평생 대한민국의 긍지를 품고 살아온 안익태 선생 유족들의 마음을 몹시 아프게 했다. 롤리타 여사의 조부는 핀란드 대사를 지냈다. 잠깐 핀란드의 경우를 살펴보자. 소련이 핀란드를 침공했을 때 혁혁한 공을 세웠던 만네르헤임 장군은 원래 러시아 황제의 친위대 장교였다. 핀란드 국민들은 그를 국부로 여기지 어느 누구도 그를 친러시아파라고 손가락질하지 않는다.

옛 추억이 담긴 언덕 위의 하얀 집

안익태 선생의 유택은 바다가 내려다보이는 언덕 위에 세워진 하얀 이층집이다. 대문을 열고 꽃이 가득한 정원을 지나 집 안에 들어서면 안익태 선생의 활동 모습이 담긴 사진과 가족과 단란한 시간을 보내던 그의 사진들이 벽면을 장식하고 있다.

롤리타 여사는 1965년 안익태 선생이 서거한 이후에도 가족과 함께 평생을 이곳에서 보냈다. 바르셀로나에 친정이 있는데도 불구하고…….

"마요르카 섬에 왜 계속 남아 있었냐고요? 마요르카는 남편이 진심으로 사랑했던 섬이고 또 그의 세계였어요. 그가 떠난 지 수십 년이 흘렀지만 지금도 섬 곳곳에 그의 체취가 스며 있답니다. 그래서 나는 이곳을 떠날 수 없었지요. 딸들과 함께 유럽

안익태 선생과 가족들. 1954년 사진이다.

옛 생각에 눈물짓는 롤리타 여사.
막내딸 레오노르가 위로해 주고 있다.

이나 아시아 여행을 마치고 와서 바르셀로나에서 마요르카로 가는 배를 기다릴 때면 마음이 얼마나 설레어졌는지 모르실 거예요. 이 집도 남편이 무척 사랑했던 곳이에요. 나는 이곳에서 남편과 거의 20년을 함께 살았습니다. 남편이 정성들여 가꾸던 정원을 지금은 내가 가꾸고 있지요. 자, 이리 와서 이 꽃향기를 한번 맡아 보세요."

아름다웠던 지난날을 회상하면서 지중해를 바라보던 눈에는 어느새 눈물이 고여 있었다. 롤리타 여사에게 마요르카는 단순한 꿈의 섬이 아니라, 바로 안익태 선생의 혼이 살아 있는 섬이며 함께한 추억이 고이 간직되어 있는 세계였던 것이다. 옛 추억에 눈물 흘리던 롤리타 여사는 2009년 2월 16일 그리워하던 남편이 있는 곳을 향하여 영원한 길을 떠났다. 향년 94세였다. §

■ 프랑스 | 생장드뤼즈 & 시부르 | 라벨 생가
라벨(1875-1937) | 볼레로

바스크 지방 해안에서 들려오는 볼레로

생장드뤼즈Saint-Jean-de-Luz는 아주 생소한 곳이라 웬만한 지도에서는 찾아보기 힘들다. 그 위치는 프랑스의 대서양 해변 남서쪽 끝이기 때문에 파리에서도 상당히 멀다. 오히려 스페인 북부 바스크 지방에서 국경을 넘어 가는 편이 수월하다.

나는 스페인 북부 지방을 여행하다가 바스크 지방의 도시 산 세바스티안San Sebastian에서 시외와 국경을 연결하는 전철을 타고 스페인-프랑스 국경을 넘었다. 프랑스 국경도시의 이름은 다소 이색적인 Hendaye인데 다른 지방에 사는 프랑스 사람들은 이것을 어떻게 읽어야 할지 멈칫한다. 현지에서는 '앙다여' 비슷하게 발음한다.

이곳 역에서 북쪽의 생장드뤼즈로 가기 위해 프랑스의 고속

생장드뤼즈에서 본 시부르.
라벨의 집 뒤에 라벨이 유아세례를 받은 성당이 보인다.

열차 TGV에 올라탔다. 승무원은 내게 그곳까지 약 15분 정도 걸릴 거라고 한다. 고속열차가 서서히 역을 떠나기 시작할 때 나는 라벨의 〈볼레로〉를 듣기 위해 MP3 이어폰을 귀에 꽂았다. 귓속에는 드럼 소리와 현악기의 피치카토 소리가 아주 약하게 들리기 시작한다. 그러다가 아라비아 마술사의 피리소리 같은 플루트 선율이 일정한 속도로 흘러가는 드럼의 리듬 위에 올라탄다.

내가 탄 TGV는 마치 〈볼레로〉의 리듬에 맞추려는 듯 천천히 달린다. 사실 다음 역까지 거리가 얼마 되지 않기 때문에, 서울역을 떠난 부산행 KTX가 광명역까지 저속으로 운행하는 것처럼, 천천히 일정한 속도를 유지하며 천천히 달리는 것이다.

플루트의 독주를 이어서 다시 클라리넷, 바순, E플랫 클라리넷, 오보에 다모레, 트럼펫, 테너 색소폰, 소프라노 색소폰, 혼과 피콜로, 트럼본 등과 같은 관악기들이 하나씩 나와 번갈아 가면서 선율을 연주하는데, 이 선율을 실은 드럼의 리듬은 마치 산중의 사찰에서 들려오는 목탁 소리처럼 무한의 공간으로 향하는 듯하다. 모든 관악기들이 한 번씩 등장하여 연주한 다음에는 현악기가 다시 이 선율을 받아 연주한다. 그러다가 악기들이 하나씩 둘 씩 더 가세하면서 이제 모든 오케스트라가 연주하기 시작한다. 드럼의 리듬은 곡이 시작될 때부터 한결같이 일정한 속도를 유지하며, 선율은 오로지 C장조로 아무런 하모니도 없이 한 가닥으로만 흐른다. 이 흐름은 아주 단순하지만 철저하게 계산되어 있는 '음으로 쌓은 건축'처럼 느껴진다. 그러니까 단순함을 역이용하여 엄청난 감흥으로 이끌어 간다고 말할 수 있겠다.

    모든 악기가 동원된 〈볼레로〉의 소리는 TGV가 생장드뤼즈 역에 가까이에 다가감에 따라 점점 더 커져간다. 그러다가 클라이맥스를 향하여 치닫던 C장조의 선율이 갑자기 조바꿈을 하더니 급속히 대단원의 막을 내린다. 그와 동시에 열차가 생장드뤼즈 역에 도착했다는 방송이 나온다.

    아니, TGV가 달린 시간과 볼레로 연주시간이 어쩌면 이렇게도 꼭 맞아 떨어질까?

프랑스 바스크 지방의 휴양지

프랑스 바스크 해안 지방의 소도시 생장드뤼즈는 휴양지로 인기가 높다. 대서양을 품어 안은 듯한 긴 백사장에 늘어선 잘 단장된 집들과 특색 있는 바스크 전통 건축들을 돌아보는데 군데군데 바스크어로 휘갈겨 놓은 낙서들이 보인다. 이곳은 행정상으로는 프랑스 영토이지만 이곳만큼은 또 다른 종족이 사는 땅이라는 것을 알아두라고 외치는 듯하다. 바스크족은 유럽 안에서 아주 희귀한 인종이다. 이들이 쓰는 언어는 다른 유럽언어들과는 완전히 다르며 이들의 땅은 북동부 스페인과 남서부 프랑스에 걸쳐져 있다.

생장드뤼즈 역 앞 광장

 라벨이 태어난 곳을 찾아 강 건너편에 보이는 시부르Ciboure로 발걸음을 옮긴다. 시부르는 행정상 독립된 마을이지만, 생장드뤼즈에서 다리 건너 200미터 정도 떨어져 있으니 이런 행정상 구분은 별 의미가 없다. 그런데 다리를 건너갔는데도 내가 본 라벨의 집이 눈에 띄지 않는다. 이곳에 오기 전에 로마의 빌라 메디치 예술 도서관에서 자료를 조사하며 라벨의 생가의 사진을 눈여겨보며 머릿속에 넣고 왔는데……. 마침 버스정류장에 할머니와 한 30대 중반쯤 되는 여자가 얘기를 나누고 있길래 다가갔다.

 "죄송합니다만, 뭘 좀 물어봐도 될까요?"

젊은 여자가 할머니와 하던 얘기는 멈추고 상냥하게 대답한다.

"뭘 도와드릴까요?"

"라벨의 생가가 어디쯤 있지요?"

"라벨이라뇨?"

젊은 여자는 난생 처음 듣는 이름이란다. 그러자 정류장에 앉아 있던 할머니가 일어서서 다가오더니 무엇을 찾느냐고 한다.

"라벨의 생가를 찾습니다."

"아, 그래요. 바로 저기입니다. 저쪽 해안 길에서 가장 높은 회색 돌집입니다. 지금은 박물관으로 사용되는데 지금 토요일 오후라서 문을 닫았을 겁니다."

자세히 보니 자료 조사할 때 봤던 그 건물의 모습이다. 최근에 보수를 해서인지 건물 외관 색깔이 사진에서 보던 것과는 많이 달라져 있다.

그런데 할머니는 나를 붙잡고 마치 말동무를 만나 반갑다는 듯 얘기를 덧붙인다.

"라벨에 대한 것이라면 내가 잘 알지요. 나의 어머니는 내게 라벨에 대해 이야기를 많이 해주었답니다. 라벨의 어머니는 바로 이곳 사람이었지요. 하지만 그의 아버지는 아버지 스위스에서 온 사람이었어요. 토목 엔지니어였지요. 라벨은 이곳에서 태어났지만 아주 어렸을 때 가족이 모두 파리로 이주했습니다. 라벨은 성장하여 여름이 되면 이곳에 왔다고 해요. 키가 아주 작았다고 하더군요."

우리 얘기를 듣고 있던 젊은 여자는 도대체 라벨이 누구냐고 한다. 나는 MP3 이어폰으로 〈볼레로〉를 듣게 해줬다. 그러자 그녀의 눈이 휘둥그레진다. 그녀는 클래식 음악에 대해 전혀 아는바 없지만 이 곡은 많이 들어봤다고 한다. 그러고는 마치 무엇인가 깨달았다는 듯한 표정으로 말한다.

"아니, 이 유명한 곡의 작곡자의 고향이 바로 이곳이라고요? 세상에, 난 이곳에서 태어나 살면서도 그 사실을 전혀 모르고 있었군요."

"사실 〈볼레로〉라는 곡도 이곳에서 태어났답니다. 정확하게 말하자면, 라벨이 1928년 6월에서 10월에 걸쳐 이곳에 머물면서 작곡했다고 합니다."

"아, 그래요? 멀리서 이곳까지 찾아온 분께 내가 감사해야겠군요."

나는 이 두 사람에게 감사의 말을 하고 라벨의 생가로 향했다. 토요일 오후라 문이 닫혀 있으니 들어가 보지는 못하고, 그 주변을 돌아보면서 〈볼레로〉를 생각해 본다. 이 곡은 라벨의 작품 중에서 가장 인기 있는 곡인데 어떻게 탄생했을까?

라벨의 생가(회색 건물). 라벨은 이곳에서 태어난 지 3개월 만에 가족과 함께 파리로 이주했다.

바닷가에서 볼레로 탄생하다

1900년대 초, 이다 루빈슈타인 Ida Rubinstein, 1888~1960 이라는 유대계 러시아인 발레리나가 파리에 활동하고 있었다. 그녀는 스페인풍의 이국적 분위기가 넘치는 발레를 구상하고 라벨에게 스페인 음악가 알베니스 I. Albéniz 의 대표작인 피아노 모음곡 〈이베리아〉 중에서 여섯 곡을 오케스트라로 편곡해 달라고 의뢰했다. 그런데 나중에 알고 보니 알베니스의 곡을 스페인 지휘자 아르보스가 이미 오케스트라로 편곡해 놓은 상태라서 저작권 문제가 걸렸다.

라벨의 집 앞에서 본 어항과 생장드뤼즈. 어선에는 바스크어로 쓰인 이름들이 보인다.

이 사실을 안 아르보스는 라벨에게 자기의 저작권을 포기하겠다고 했다. 하지만 라벨은 남의 곡을 편곡하느니 아예 자기가 쓴 곡을 편곡하는 게 낫겠다는 생각이 들었던 모양이다. 그러다가 그는 다시 마음을 바꾸고 아예 완전히 새로운 곡을 쓰기로 했다.

1928년 6월, 라벨은 이곳으로 여름 휴가차 내려왔다. 바다가 보이는 고향 땅에서 그는 피아노에 앉아 머리에 떠오른 멜로디를 친구에게 손가락 하나로 쳐 보이면서, "이봐, 이 멜로디에 뭔가 끈질긴 요소가 있다고 생각하지 않아? 나는 이것을 수도 없이 반복할거야. 오케스트라 소리는 점점 더 커지게 하고 말이야." 라고 말했다. 그러니까 볼레로가 태동하던 순간이었던 셈이다. 그런데 라벨은 이 곡의 제목을 처음부터 〈볼레로〉라고 한 것은 아니고 〈판당고Fandango〉라고 했다. 판당고도 스페인 춤곡의 일종이다. 한편 볼레로는 원래 18세기 후반의 스페인 춤곡인데, 라벨의 〈볼레로〉는 기존의 볼레로와는 달리 매우 느린 곡이다.

이 곡은 그해 11월 22일, 파리 오페라 극장에서 이다 루빈슈타인 주역의 발레 무대에서 초연되었다. 그런데 연주 중 관중석에서 한 여자가 라벨은 미쳤다고 소리 질렀다. 이 이야기기를 전해들은 라벨은 미소를 지으며 '그 여자는 내 작품을 제대로 이해했어.' 라고 말했다고 한다. 사실 라벨은 〈볼레로〉를 작곡하고 나서 확신이 서지 않아 대부분의 오케스트라들이 연주하길 꺼려할 것이라고 생각했다. 그러니 관중들도 당연히 눈살을 찌푸리라고 생각했을 것이다.

〈볼레로〉는 라벨이 기존의 작곡방식을 뒤엎고 기발한 역발상으로 마치 장난삼아 작곡한 것이라고 해도 과언이 아니다. 그러면서도 이 곡은 매혹적인 단순한 선율과 놀라운 오케스트레이션을 바탕으로 역설과 재미와 즐거움을 선사한다.

〈볼레로〉는 발레를 위한 음악을 넘어서서 독립된 오케스트라 레퍼토리로 확고하게 자리 잡게 되어 다음해에는 대서양을 건넜다. 1929년 11월 14일, 토스카니니의 뉴욕 필하모닉 오케스트라 지휘로 〈볼레로〉가 미국에서 초연되자 관중들의 반응은 뜨거웠다. 다음 해 토스카니니는 대서양을 건너와 유럽순회 연주에 나섰다. 그런데 그가 〈볼레로〉를 라벨이 생각한 것보다 더 빠른 템포로 연주하자 라벨은 그에게 "당신은 더 이상 내 작품을 연주하지 마시오." 라고 경고했다. 그러자 토스카니니는 이 곡을 좀 더 효과적으로 표현하려면 템포를 더욱 빠르게 해야 한다고 맞섰다. 이와 같은 에피소드는 당시 이 곡을 더욱더 유명하게 만들었다.

라벨이 생각했던 이 곡의 연주시간은 17분이다. 하지만 요즘은 대부분 15분 전후로 연주한다. 그러고 보니 앙다여와 생장드뤼즈의 TGV 구간을 '볼레로 구간'이라고 붙여주고 싶다. 물론 라벨이 살아 있다면 "이봐, 그건 토스카니니의 볼레로 구간이야"라고 하겠지만. §

■ 오스트리아 | 빈 | 하일리겐슈타트 베토벤하우스
베토벤(1770-1827) | 교향곡 6번 〈전원〉

자연 속에서 삶의 기쁨을 노래하노라

20세기 초까지만 해도 오스트리아의 수도 빈 Wien 에서는 게르만 문화, 라틴 문화, 슬라브 문화, 마쟈르 문화 등이 서로 어울려 찬란한 문화의 꽃이 만발했다.

특히 음악적인 측면에서 볼 때, 빈만큼 그토록 많은 음악의 천재들을 포용해 온 도시는 지구상 어디에도 없었다. 글룩, 하이든, 모차르트, 베토벤, 슈베르트, 브람스, 말러 등과 같은 대음악가들을 제외하고도 빈을 거쳐 간 유명 음악가들은 이루 헤아릴 수 없을 정도로 많다. 그래서 이른바 '빈 고전주의'에 대한 이곳 사람들의 콧대는 어느 누구도 꺾을 수 없다. 이러한 빈은 클래식 음악을 사랑하는 사람들에게는 '음악의 성지'나 다름없다.

나는 이 '음악의 성지' 에 올 때마다 또 하나의 '성지'를 항상

하일리겐슈타트의 베토벤 공원에 세워진 산책하는 모습의 베토벤 석상

프로부스가세 6번지의 베토벤하우스.

찾는다. 그곳은 다름 아닌 하일리겐슈타트Heligenstadt이다. 하일리겐슈타트는 '성자의 도시'라는 뜻인데, 이곳에는 악성樂聖 베토벤의 자취가 곳곳에 배어 있다. 하일리겐슈타트는 옛날에 빈에서 마차로 약 한 시간 반 정도 걸리는 거리에 있는 한적한 마을로, 빈의 상류층 사람들이 여름에 더위를 식히러 즐겨 찾아오던 곳이었다. 게다가 1780년대에는 광천수가 발견되어 휴양지로 더욱더 각광받았다. 하일리겐슈타트는 1892년에 빈에 편입되었고 지금은 빈 시내 중심에서 4호선 지하철 U4로 약 20분 정도 걸린다. 숲이 많은 이곳에는 개울이 흐르고 또 언덕에는 포도밭이 펼쳐져 있어서 지금도 목가적인 분위기가 물씬 느껴진다.

하일리겐슈타트에는 베토벤이 머물렀던 집이 몇 군데 있는데. 그중 프로부스가세Probusgasse 6번지에 있는 집은 현재 베토벤 기념관으로 개조되어, 베토벤의 자취를 더욱 생생하게 느낄 수가 있다. 프로부스가세는 베토벤이 살던 시대에는 하일리겐슈타트의 중심거리 중 하나였다. 한편 프로부스Probus는 로마제국 말기인 서기 276년에서 282년까지 재위한 황제이다. 그런데 그 많은 로마제국 황제들 중에서 어째서 이름도 잘 알려지지 않은 이 그의 이름이 붙여졌을까? 그것은 프로부스황제가 재위할 때 이 지역에서 포도 재배를 시작했기 때문이다.

베토벤하우스의 중정에 들어서면 베토벤이 살던 집이 먼저 보인다.
오른쪽 계단은 박물관으로 연결된다.

하일리겐슈타트의 유서

프로부스가세 6번지 베토벤하우스에 들어서면 중정을 중심으로 베토벤이 살던 공간과 그 맞은편 위층에 베토벤 기념관이 있다. 베토벤이 살았다고 하는 집 안에 들어서니 그에 관련된 자료들이 모두 깔끔하게 정리된 상태로 전시되어 있다. 그런데 베토벤이 살던 모습을 제대로 상상하는 데에는 오히려 방해가 되는 것 같다. 베토벤은 정리정돈과는 아주 거리가 먼 사람이었다고 전해지니 말이다. 또 솔직히 말해 베토벤이 과연 이곳에 살았는지는 의심스럽다. 하지만 옛날 빈 사람들이 하일리겐슈타트에서 여름휴가를 보내던 집 안의 모습을 그대로 볼 수 있다는 점에서는 나름대로 의미가 있다. 그러니까 베토벤도 틀림없이 이런 구조의 집에서 살았을 것이다.

이곳에서 전시된 베토벤 관련 자료들 중에서는 무엇보다도 먼저 베토벤의 데드마스크가 매우 강렬한 인상을 던져 준다. 평온 속에 잠자는 듯한 그의 얼굴에는 험난했던 인생 역정이 고스란히 배어져 있는 것만 같다.

그곳을 나와 계단을 따라 기념관 안으로 들어선다. 기념관 안을 두리번거리다가 그가 썼던 유서에 발길이 멈춰진다. 이 유서를 쓴 해는 1802년. 베토벤은 1770년에 태어났으니 당시 불과 32세의 혈기왕성한 청년이었을텐데… 이게 어떻게 된 일인가?

베토벤은 1798년 무렵에 귀에 이상이 있다는 것을 알고는 여기저기서 은밀히 치료를 받고 있었지만 별 효과가 없었다. 그리고 그는 귓병을 앓고 있다는 사실을 숨겼다. 마침내 1802년에는 의사의 조언으로 귓병이 낫기를 바라면서 또 마음의 평온을 얻기 위해서 그는 자연에 둘러싸인 한적한 하일리겐슈타트에서 이 집을 얻었다. 하지만 이루어질 수 없는 사랑에서 받은 마음의 상처에다가 음악가에게는 치명적이라고 할 수 밖에 없는 귓병이 더욱 악화되자 그는 정신적으로나 육체적으로나 극히 쇠약해졌다. 우울하고 암울하고 고통스러운 나날을 보내던 중 낙엽 지는 가을이 다가오자 죽음에 대한 두려움이 엄습해 왔다. 그는 겨울이 가기 전에 죽음을 맞을 지도 모른다는 생각에 사로잡혀 동생 앞으로 비장의 유서를 쓰고는 자기가 죽기 전에는 절대 개봉하지 말라고 했다.

그런데 그는 유서를 다 작성하고는 다시 생각을 완전히 바꾸었다. 그러니까 최악의 순간을 이겨내고 다시 일어섰던 것이다. 그는 신이 남들이 누리는 행복을 자기에게는 허락하지 않았지만, 남들이 다다를 수 없는 드높은 예술의 경지로 자기를 인도하고 있음을 깨달았을 것이다. 이 유서는 그가 세상을 떠난 다음 날인 1827년 3월 27일에야 발견되었으니, 혼자서 평생 간직하고 있으면서 아무에게도 보여주지 않았던 것이다.

전원생활의 회상

유서를 쓴지 4년이 지난 1806년, 그는 교향곡 5번 〈운명〉을 쓰던 도중에 교향곡 6번을 구상하고는 1807년 7월경에 본격적으로 스케치했으며 1808년 6월경에는 하일리겐슈타트에서 머물면서 모두 완성했다. 당시 그가 머물던 곳은 이 집이 아니라 칼렌베르크 가세Kahlenberggasse 26번지 근처였다고 한다. 이 곡은 1808년 12월 22일에 초연되었는데 베토벤은 〈전원생활의 회상〉이란 제목을 붙였다. 베토벤의 유명한 곡들은 대부분 나중에 남들이 제목을 붙였거나, 또는 그가 헌정한 인물들의 이름이 제목이 되었는데, 이것은 그가 직접 제목을 붙인 몇 개 되지 않는 작품들 중의 하나이다. 그러니까 그의 작곡 의도가 확실하게 잘 드러나는 곡인 셈이다. 한편 사본과 초판 악보에는 '전원 교향곡'이란 뜻으로 이탈리아어로 〈신포니아 파스토랄레Sinfonia Pastorale〉라고 되어 있다.

그런데 교향곡 5번 〈운명〉에서 보듯, 격정적인 음악을 주로 쓰던 그가 어떻게 이다지도 평화스럽고 즐겁고 온화한 음악을 쓰게 되었을까? (물론 4악장은 천둥과 폭풍이 몰아치듯 격렬한 느낌을 주지만 다른 악장에 비해 매우 짧다.) 그의 제자였던 체르니는 베토벤은 양순함과는 거리가 완전히 먼 사람이었다고 했는데 말이다.

당시 빈에는 전원생활의 즐거움을 노래하는 음악들이 널리 퍼져 있었으니 그런 영향도 있었으리라. 사실 베토벤은 하이든

베토벤이 살던 집 실내

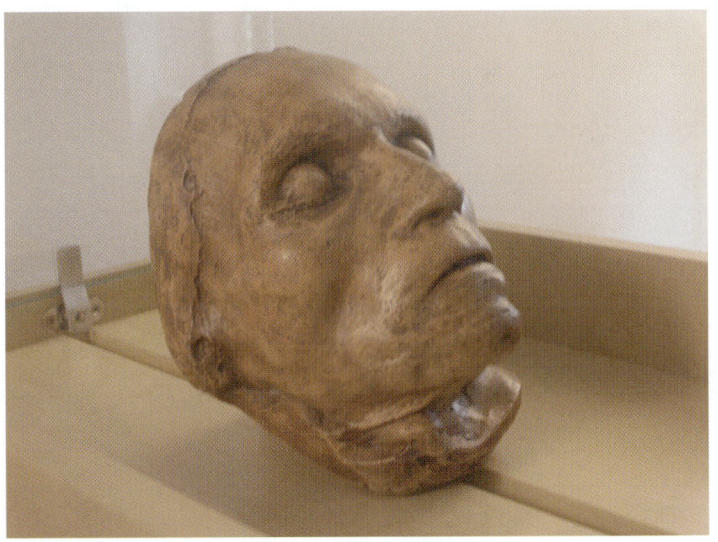

베토벤의 데드마스크

하일리겐슈타트 주변에 펼쳐진 포도밭

이 1802년에 발표한 오라토리오 〈사계〉에 큰 관심을 갖고 있었다. 또 그는 당시 나폴레옹의 침공을 앞두고 정치적으로나 사회적으로 불안스러운 빈의 분위기에서 벗어나고 싶었기 때문일 수도 있겠다. 또 요제피네를 한때 사모했는데 그녀에 대한 사랑이 식어있었기 때문에 사랑의 추억으로부터 멀어지기 위해 자연에 묻혀 이 곡을 썼을지도 모르겠다. 베토벤은 '사람은 속일 때가 있지만 자연은 그렇지 않다.' 라고 했으니 말이다.

교향곡은 보통 3, 4악장으로 이뤄져 있는데 교향곡 5번 〈전원〉은 이례적으로 5악장으로 이뤄져 있다. 그리고 그의 작곡스케치를 보면 5악장은 성악곡으로 할 의도가 있었던 것 같다. 만약 그랬다면 교향곡 9번 〈합창〉에 앞서 성악과 결합된 교향곡이 탄생했을 것이다.

교향곡 6번 〈전원〉은 각 악장마다 다음과 같은 표제가 붙어 있다.

[1악장] 전원에 도착했을 때 즐거운 감정이 깨어남
[2악장] 시냇가의 정경
[3악장] 시골사람들의 즐거운 모임
[4악장] 천둥. 폭풍우
[5악장] 목동들의 노래 – 폭풍우 뒤의 행복한 감사의 마음

이것만 보면 비발디의 〈사계〉나 하이든의 오라토리오 〈사

베토벤의 산책로

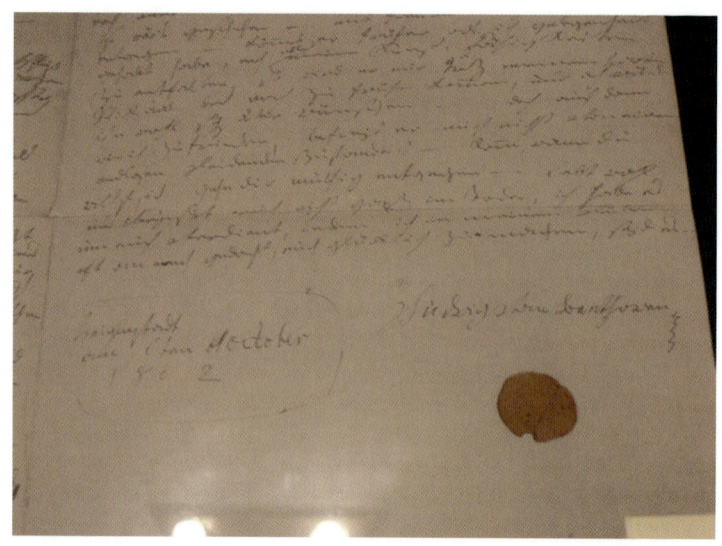

하일리겐슈타트 유서

계〉처럼 교향곡 6번 〈전원〉도 마치 자연을 그림처럼 묘사한 듯한 음악으로 생각하기 쉽다. 하지만 이 곡에 대해 베토벤은 묘사가 아니라 어디까지나 자연에 대한 감정을 표현한 것이라고 했다. 그렇다고 그는 자연에 대한 묘사를 완전히 무시한 것 같지는 않다. 왜냐하면 곡 중에 시냇물 소리, 새소리 등이 생생하게 묘사되어 있으니 말이다. 물론 이것은 음악적 효과를 위한 하나의 수단이지 그 자체가 목적은 아니었지만. 어쨌든 그는 자살하려고 비장한 마음으로 유서를 쓰던 때와는 달리 하일리겐슈타트의 숲길을 산책하면서 즐겁고 편안한 마음으로 이 교향곡을 썼음에는 틀림없다. 그래서인지 이 교향곡을 들으면 희망과 삶의 기쁨과, 또 신에게 감사하는 마음이 듬뿍 느껴진다. 마치 폭풍우가 지난 후 밝게 빛나는 태양처럼. §

■ 오스트리아 | 힌터브륄 | 휠드리히스뮐레

❞ 슈베르트(1797-1828) | 연가곡 《겨울여행》 중에서 〈보리수〉

벗이여, 안식을 찾아 이곳으로 오라

빈Wien이라는 도시명은 고대 로마인들이 도나우 강변에 세운 국경 방어도시인 빈도비나Vindobina에서 유래하는데 이탈리아식 표기 비엔나Vienna로도 많이 알려져 있다. 현재의 빈은 귀족의 기품을 지닌 우아한 미인 같은 인상을 주는 도시면서도 뭐라 표현할 수 없는 우수가 느껴진다. 특히 겨울이 되면 더욱 그렇다. 마치 슈베르트의 〈즉흥곡 Op.142 No.2〉에서 느껴지는 그윽한 멜랑콜리의 분위기 같다. 20세기 초까지 한껏 피어오르다가 사그라지고만 문화에 대한 향수일까? 어둡고 추운 겨울, 거리에 크리스마스 불빛이 켜지면 뭔지 모르는 따스함이 느껴진다. 오스트리아에서는 크리스마스를 '그리스도의 날'이란 뜻으로 크리스트탁Christtag이라고 한다.

슈타트파크에 세워진 슈베르트 석상. 그의 모습은 황제와 같다.

눈 덮인 슈타트파크의 슈베르트 석상

빈의 중심가를 거닐다가 벨베데레 궁전으로 가기 위해 슈타트파크Stadtpark를 가로지른다.

눈 덮인 이 공원을 지나며 이곳에 세워진 슈베르트의 석상 앞에서 잠깐 발길을 멈춘다. 무릎 위에는 악보를, 오른손에는 펜을 들고 앉아 있는데 명상에 잠긴 듯한 그의 얼굴은 매우 엄숙해 보인다. 어떻게 보면 마치 황제와 같은 모습이다. 그러고 보니 슈베르트의 진정한 모습과는 별로 어울리지 않다는 생각이 든다. 생존 당시 베토벤의 명성에 가려 음악가로서 제대로 빛을 보지도 못하고 빈궁한 삶을 살다간 슈베르트가 아니었던가?

이 석상은 독일 낭만가곡의 기틀을 세우고 그 예술적 가치를 무한하게 높인 '가곡의 왕', 아니 '가곡의 황제'에게 바치는 경의의 표시일까? 황제라… 슈베르트의 모습 위로 〈명상록〉을 쓰는 로마제국의 마르쿠스 아우렐리우스Marcus Aurelius 황제의 모습이 서서히 겹친다. 마르쿠스 아우렐리우스라면 로마제국 오현제 시대의 마지막 황제로 철학자기도 했다. 고명한 황제가 다스리던 시기에 로마제국의 오랜 번영과 평화가 흔들리고 외적의 침입이 본격화되기 시작했다. 황제는 이곳 빈도비나에서 도나우 강 건너편의 북방 게르만족들과 대치하고 있던 중에 병이 들었고, 180년 겨울이 끝나갈 무렵 그의 야전막사에서 조용히 죽음을 기다렸다. 그가 전장에서 틈틈이 쓴 글이 바로 오늘날까지 널리 읽히고 있는 〈명상록〉이다.

아기 예수가 다녀간 크리스마스 아침

슈타트파크에서 전차를 타고 벨베데레 궁전으로 향한다. 빈에는 볼 만한 미술관이 많다. 특히 벨베데레 궁전에 있는 오스트리아 미술관에는 구스타프 클림트와 에곤 쉴레 등 유명한 오스트리아 화가들의 작품도 많이 소장되어 있다. 이 미술관에서 나의 시선을 오래 끈 그림은 발트뮐러 E. G. Waldmüller 의 〈크리스마스 아침 Christragmorgen〉이었다. 발트뮐러라면 19세기 전반에 유명했던 화가로 당시 빈과 그 주변의 풍경을 정교한 필치로 화폭에 담았고 1823년에는 머리가 희끗해진 말년의 베토벤의 초상화를 그리기도 했다. 그는 1793년에 빈에서 태어나 만년에 힌터브륄에서 살다가 1865년에 세상을 떠났다.

〈크리스마스 아침〉은 그가 1849년에 힌터브륄에서 그린 작품으로 당시의 크리스마스 풍습을 엿볼 수 있는 정감 있는 작품이다. 창문으로 들어오는 빛으로 밝혀진 실내에서 크리스마스 아침을 맞는 아이들의 표정이 무척 재미있다. 그림을 자세히 보니 겨울 아침인데도 창문이 열려 있고 아이들은 모두 맨발이다. 왜 그럴까?

발트뮐러의 그림 〈크리스마스 아침〉

오스트리아의 크리스마스 풍습을 보면, 산타클로스 역할을 하는 인물은 크리스트킨트Christkind다. 크리스트킨트는 '아기 예수'라는 뜻으로 보통 작은 천사의 모습으로 그려진다. 크리스트킨트는 12월 24일 밤에 아이들이 벗어 놓은 신발 안에 선물을 놓고 간다. 창문이 열려 있다는 것은 크리스트킨트가 다녀갔다는 뜻이다. 창가의 아이는 창가에 둔 자기 신발에 무슨 선물이 담겼을까 궁금해하고, 그 옆의 남자 아이는 신발 안에 든 선물이 별로 신통치 않다는 듯한 표정이다. 작은 꼬마는 받은 선물을 할머니에게 자랑하고 있다. 크리스마스 절기가 되면 아이들은 설레는 마음으로 크리스트킨트를 기다리는데 아무도 그를 실제로 본 적은 없다. 그래서 아이들이 크리스트킨트를 보고 싶다고 하면, 어른들은 으레 '응, 조금 전에 다녀갔어!'라고 넘긴다.

그런데 이 그림에서 보이는 실내는 상상의 공간이 아니라 실제 장소다. 즉 지금의 '휠드리히스뮐레'라고 하는 호텔 겸 카페 레스토랑의 내부다. 휠드리히스뮐레라면 슈베르트가 〈보리수〉를 작곡했다고 전해지는 곳이다. 그래서인지 이 그림을 감상하는 동안 줄곧 〈보리수〉의 선율이 머리에 맴돈다. 나는 마치 이 선율에 홀린 몽유병자처럼 미술관을 나오자마자 그대로 힌터브륄로 향했다. 힌터브륄Hinterbrühl은 빈에서 남서쪽으로 17킬로미터 정도 떨어져 있는데 대중교통으로 가려면 비엔나 남부역에서 시외를 연결하는 전철을 타고 뫼들링까지 간 다음 그곳에서 다시 버스를 타고 3킬로미터 정도 더 들어가야 한다.

슈베르트가 즐겨 찾던 곳으로

뫼들링으로 향하는 전철을 타고 창밖을 내다본다. 밖에는 눈발이 흩날린다. 나의 머릿속에는 슈베르트의 모습과 마르쿠스 아우렐리우스 황제의 모습이 계속 겹쳐 떠오른다. 그리고는 〈명상록〉중 한 구절이 마치 속삭임처럼 나의 머릿속에서 계속 맴돈다.

우주의 모든 존재들을 생각해 보라.
그 속에서 너의 존재는 얼마나 작은가.
무한한 시간을 생각해 보라.
그중에서 너에게 할당된 시간은 얼마나 짧은 순간에 불과한가.

 휠더리히스뮐레가 있는 곳은 울창한 숲과 부드러운 능선의 산으로 둘러싸여 있다. '뮐레'는 '방앗간'이란 뜻이다. 사실 이곳이 방앗간에서 가스트하우스Gasthaus로 바뀐 것은 된 것은 1786년이라고 하니까 꽤나 연륜이 있는 곳이다. 가스트하우스라면 보통 가족이 경영하는 여관 또는 민박집이라고나 할까. 지금은 기존의 가스트하우스를 증축하여 별 4개짜리 호텔 겸 카페 레스토랑이 되었다. 이 건물의 벽면에는 '슈베르트가 〈보리수〉를 작곡했다는 전설이 있는 곳'이라고 써 있다.
 이 지역은 빈 주변의 그린벨트에 해당하는 우리 말로는 '빈의 숲'이란 뜻의 비너발트Wienerwald 지역에 있기 때문에 수 세기 전부터 빈 시민들이 즐겨 찾는 휴양지로 손꼽힌다. 슈베르트 역시 친구들과 함께 여기로 종종 찾아와 휠더리히스뮐레에서 묵었다고 한다. 당시 이곳에는 아주 오래된 보리수가 한 그루 서 있었는데 슈베르트는 그 그늘 아래서 영감을 얻어 〈보리수〉를 작곡했다고 전해진다.

힌터브륄의 횔드리히스뮐레 호텔 겸 카페 레스토랑 표지판. 슈베르트의 얼굴이 보인다.

횔드리히스뮐레 레스토랑의 실내. 세월이 흐르면서 많이 개축되었지만
발트뮐러의 그림 〈크리스마스 아침〉에서 보이는 실내 분위기가 어렴풋이 느껴진다.

슈베르트가 〈보리수〉를 작곡했다고 전해지는
휠드리히스뮐레.

성문 앞 우물곁에 서 있는 보리수

이곳이 여름에는 좋은 피서지라도 겨울이라서 그런지 다소 쓸쓸한 느낌이 든다. 다행히 구름이 걷히고 햇살이 쌓인 눈 위로 떨어지면 움츠렸던 가슴이 펴지기도 한다.

차가운 겨울바람에 큰 나무의 가지들이 웅웅 소리를 내며 떤다. 그 소리는 마치 〈보리수〉의 피아노 반주 전반부를 연상하게 한다. 슈베르트의 가곡에서는 피아노 반주 역시 가사의 의미를 그대로 담고 있기 때문에 가사 못지않게 중요하다. 나무 곁에 서서 〈보리수〉 가사를 마음속에 새겨 본다.

> Am Brunnen vor dem Tore
> da steht ein Lindenbaum;
> ich träumt'in seinem Schatten
> so manchen süssen Traum.
> 성문 앞 우물곁에
> 보리수가 한 그루 서 있다.
> 나는 그 그늘 아래
> 달콤한 꿈을 많이 꾸었지.
>
> Ich schnitt in seine Rinde
> so manches liebe Wort;

es zog in Freud'und Leide
zu ihm mich immer fort.
나는 그 나뭇가지에
사랑의 말을 많이 새겨 넣고는,
기쁠 때나 슬플 때나
그곳으로 늘 향했지.

Ich musst'auch heute wandern
vorbei in tiefer Nacht,
da hab'ich noch im Dunkel
die Augen zugemacht.
나는 오늘도 방랑해야 했다.
그 곁을 지나 깊은 밤에.
나는 다시 어둠 속에서
눈을 감았다.

Und seine Zweige rauschten,
als riefen sie mir zu:
komm her zu mir, Geselle,
hier find'st du deine Ruh'!
그러자 나뭇가지들은
마치 내게 말하는 것처럼 속삭였다.
"내게 와라, 벗이여,
여기서 그대의 안식을 찾으라"고.

Die kalten Winde bliesen
mir grad' in's Angesicht,
der Hut flog mir vom Kopfe,
ich wendete mich nicht.
찬바람이
곧바로 내 얼굴에 불어와
모자가 머리에서 날아가 버렸지만
나는 뒤돌아보지 않았다.

Nun bin ich manche Stunde
entfernt von jenem Ort,
und immer hör'ich's rauschen:
du fändest Ruhe dort!
지금 나는 많은 시간을
그곳으로부터 멀어져 왔는데도
나뭇가지의 속삭임이 귀에 늘 아련하다
"그대는 그곳에서 안식을 찾을 텐데"라고.

(* 독자들의 이해를 돕기 위해 직역에 가깝게 번역했다.)

〈보리수〉는 24곡으로 구성된 연가곡집 《겨울여행 Winterreise》의 다섯 번째 곡인데 슈베르트는 이 곡을 그토록 사랑했다고 한다. 우리에게 '겨울 나그네'로 많이 알려진 《겨울여행》은 슈베르트와 같은 시대를 살았던 독일 서정시인 빌헬름 밀러 W. Müller가

1821~1822년에 걸쳐 완성한 시집에 곡을 붙인 것으로, 여기서의 여행은 즐겁게 떠나는 여행이 아니라 정처 없는 쓸쓸한 여행이다. 그러니까 이 시집에서는 사랑의 상처를 입은 나그네가 눈보라 치는 겨울에 정처 없이 방황하며 겪은 일을 노래하고 있는데, 그 이면에는 소외된 한 인간의 모습이 그려져 있다.

《겨울여행》은 슈베르트가 가난과 질병 속에서 마지막으로 쓴 가곡집이다. 그중 간결하고 소박한 〈보리수〉는 평온함과 깊은 우수憂愁를 느끼게 한다. 나그네는 보리수 그늘 아래에서 단꿈을 꾸고 나서 나뭇가지에 사랑의 말을 새겨두었다가 겨울에 먼 길을 떠나 방랑할 때 바람결에 떨던 나뭇가지 소리를 회고하는데, 그 소리는 마치 '여기 와서 안식을 찾으라'라는 속삭임처럼 들린다.

슈베르트는 그가 존경하던 베토벤이 세상을 떠난 해인 1827년에 《겨울여행》을 완성하고는 그다음 해인 1828년, 낙엽이 우수수 떨어지던 11월 19일에 영원한 안식의 길을 떠나고 말았다. 당시 그의 나이는 겨우 31세. 무한한 시간 중에서 그에게 할당된 시간은 너무나도 짧았다. 하지만 그가 남기고 간 선율은 200년이 지난 지금도 많은 사람들의 가슴속 깊이 살아 숨 쉬고 있다.

그는 소원대로 베토벤 묘소 곁에서 영원한 안식을 찾았다. 한편 시인 빌헬름 뮐러는 슈베르트가 《겨울여행》을 완성한 1827년 33세의 나이에 세상을 떠나고 말았다. 그에게도 무한한 시간 중 할당된 시간은 너무도 짧았다.

보리수는 실제로 어디에?

휠더리히스뮐레 호텔 벽면에는 슈베르트가 〈보리수〉를 이곳에서 작곡했다고 해서 벽면에 슈베르트의 초상과 악보가 그려져 있다. 그런데 과연 슈베르트가 〈보리수〉를 이곳에서 작곡했을까? 결론부터 말하자면 '아니올시다'다. 그렇다면 왜 이곳이 '노래의 고향'이 된 것일까?

이 장소에 대한 논란은 〈경기병 서곡〉으로 널리 알려진 주페(E. Suppe)가 작곡한 징슈필(노래극)에서 시작되었다. 이 징슈필의 제목이 바로 〈프란츠 슈베르트〉이고 극의 배경이 바로 이 지역이었기 때문에 휠드리히스뮐레가 이 노래의 고향으로 알려지게 된 것이다. 사실 〈보리수〉는 휠드리히스뮐레와는 무관하다.

슈베르트 연구가들은 '성문 앞 우물곁에 서 있는 보리수'의 실제 위치를 두고 한때 독일 헤센 주의 바트 조덴 알렌도르프(Bad Sooden-Allendorf)를 '보리수의 고향'으로 여겼다. 왜냐하면 그곳은 시인 빌헬름 뮐러가 태어난 곳에서 그리 멀지 않은데다가 실제로 성문이 있고 또 그 앞에는 큰 보리수가 1912년 폭풍우에 쓰러지기 전까지 서 있었기 때문이다. 그렇지만 이 성문은 뮐러가 연작시 〈겨울여행〉을 완성한 지 5년이나 지난 1827년에 세워진 것으로 밝혀졌으니 '성문 앞 우물곁에 서 있는 보리수'는 성립되지 않는다.

그러니까 '보리수'의 존재나 휠더리히스뮐레에서 슈베르트가 보리수를 작곡했다고 하는 이야기는 산타클로스나 크리스트 킨트의 존재처럼 낭만적인 상상으로 받아들이는 것이 정답이 아닐까? 낭만적인 상상은 크리스마스 불빛처럼 우리의 마음을 따스하게 하니까 말이다. §

5
유럽의 길에서

프랑스 | 파리 | 파리의 거리
거쉰 | 〈파리의 미국인〉

스페인 | 마드리드 | 마드리드의 거리
복케리니 | 현악5중주 《마드리드 거리의 밤 음악》
Op. 30 No. 6(G. 324)

이탈리아 | 로마 | 비아 아피아
레스피기 | 《로마의 소나무》 중에서 〈비아 아피아의 소나무〉

이탈리아 | 로마 | 비아 델 코르소
베를리오즈 | 〈로마의 카니발, 오케스트라를 위한 서곡〉

오스트리아 | 빈 | 캐른트너 슈트라세
모차르트 | 레퀴엠

■ 프랑스 | 파리 | 파리의 거리
❞ 거쉰(1898-1937) | 〈파리의 미국인〉

에펠탑이 보이는 거리를 무심코 걷다

파리의 거리를 무심코 걸어본다. 프랑스어로 한번 플라뇌르 flâneur 가 되어 보는 것이다. 이 말은 영어에서도 그대로 flaneur라고 한다. 이 말의 프랑스어 동사형은 플라네 flaner 인데 영어로는 스트롤 stroll 쯤에 해당한다. 어떤 특별한 목적이 있어서 돌아다니는 것이 아니라 그냥 무심코 돌아다니는 것을 말한다.

플라뇌르가 된 나는 에펠탑이나 개선문, 샹젤리제 거리 등에 전혀 신경 쓰지 않고 그냥 걸어본다. 길을 가다가 어느 가게를 기웃거려 보기도 하고 작은 헌책방을 기웃거려 보고, 카페에 앉아 보기도 하고 모르는 사람들이 앉아 있는 벤치에도 앉아 본다. 그랬더니 파리에서 여태까지 무시하고 지나쳤던 구석구석들이 새로운 모습으로 눈에 들어오기 시작한다. 심지어는 자동차의

샹젤리제 거리의 인도

경적소리도 음악처럼 새삼스럽게 들려온다. 멀리 에펠탑이 불쑥 보이기도하고 분수에서 물 뿜는 광경이 눈앞에 펼쳐지기도 하고 무심코 들어선 광장에서는 묘기를 구경하는 사람들에 휩쓸리기도 한다. 모르는 사람들과 스치면서 계속 걷는데 카메라를 든 청년이 내게 다가와 뉴욕 억양의 영어로 말을 건다.

"혹시 영어하나요?"

"그렇습니다만."

"실례지만 길 좀 묻겠습니다. 에펠탑으로 가려면 어떻게 가야 되지요?"

"글쎄요. 대충 무심코 가다 보면 에펠탑이 보일 겁니다. 솔직히 나도 지금 내가 정확히 어디에 있는지 모른답니다."

이 청년은 처음에는 의아해하다가 잠시 후에 뭔가 이해했다는 듯 미소를 짓는다. 그러고는 영어로 소통하게 되어서 기쁘다고 한다. 조금 전에 한 프랑스 사람들에게 영어로 길을 물었더니 영어를 알아들으면서도 프랑스어로 대답하더라면서 다소 분개한 표정을 짓는다. 흠, 프랑스 사람들이 자기네 모국어를 열렬히 사랑해서 그런 것일까? 아니면 자신들의 문화적 우월감 때문에 미국 사람을 '변방의 오랑캐' 정도로 취급해서 영어를 알아도 말하지 않는 것일까?

옛날 같으면 그럴 수도 있었겠지만 영어가 국제어로 자리를 잡은 이상 뭐 그리 거창하게 생각할 필요는 없다. 프랑스말로 대답한 사람은 영어를 말하지 못해서일 것이다. 그럼 어떻게 알아들었을까? 유럽의 언어들을 보면 서로 비슷한 어휘가 많다. 물론 발음은 각 나라마다 좀 다르지만 언어에 대한 감각이 있다면 간단한 것은 대충 알아들을 수 있다. 더군다나 길을 물을 때 쓰는 말이야 너무 뻔하기 때문에 그 정도의 말쯤은 알아들을 수 있다. 그러나 외국어로 대답하는 것은 그리 쉬운 일이 아니다. 말하는 연습이 되어 있지 않으면 입이 잘 떨어지지 않으니 말이다.

그런데 프랑스 사람 입장에서 보면 영어는 참 황당하게 들릴 수도 있다. 원래 프랑스 어휘가 영어로 넘어가서 발음이 완전히 달라진 경우가 부지기수로 많으니 말이다. 가령 '사랑하는 자'라는 뜻의 프랑스어 아마퇴르 amateur 는 영어로 넘어가서 '아마츄어'로, 또 '아름다움'이란 뜻의 프랑스어 보테 beauté 는 뷰티 beauty 로 둔갑했다. 그러니까 우리의 '김치'가 일본에 가서 '기무치'가 된 것이라고나 할까. 우리나라에서 자동차 이름으로 잘 알려진 그랜저 grandeur 라는 말도 프랑스어에서 넘어간 영어다. '장엄, 웅대함' 등을 뜻하는 이 말은 프랑스에서는 '그랑되르'에 가깝게 발음된다.

말이 나와서 하는 얘기지만, '그랑되르'는 문화적 자부심이 강하고 콧대 높은 프랑스인들의 '위대한 프랑스'를 대변해 주는 말이기도 하다.

파리의 그랑되르를 상징하는 에펠탑

1789년 '자유, 평등, 박애'의 기치 아래 프랑스에서는 대혁명이 일어났다. 19세기 후반 프랑스 정부는 유럽의 역사를 완전히 뒤바꾸어 놓은 프랑스 혁명 100주년을 기념하여 세계 만국박람회를 준비하면서 웅대한 조형물 건립 공모전을 개최했다.

수많은 계획안 중에 심사위원들의 주목을 가장 많이 받은 것은 300미터가 넘는, 높고 거대하면서도 고전미가 흐르는 우아한 철탑이었다. 당시 상당수의 파리 문화계 인사들과 시민들은 이 당선작을 두고 유서 깊은 도시 파리의 미관을 해친다는 이유로 적극 반대했다. 특히 모파상은 이 괴물 같은 탑이 보기 싫어서 파리에서 더 이상 살지 않겠다고 공언할 정도였다. 하지만 1887년 1월 공사는 예정대로 진행되었고 프랑스 혁명 100주년을 기념하는 해인 1889년 3월에 완공되었다. 새롭게 도래하는 철골 구조의 시대를 상징하기도 하는 이 철탑은 이를 설계한 구조공학자의 이름을 따서 에펠탑이라고 불린다.

에펠탑은 지금 어느 누구도 시비할 수 없는 파리의 상징으로 굳어졌다. 일본에서는 이를 적당히 모방한 방송용 철탑이 세워졌고, 한때 우리나라의 모 기업은 차마 눈뜨고 볼 수 없는 짝퉁 에펠탑 모양의 초고층빌딩을 서울에 세우겠다고도 했다. 전 세계 사람들이 이토록 짝사랑하는 에펠탑은 지금도 프랑스의 '그

퐁피두 센터 앞 광장에서 벌어지는 광대놀이

랑되르'를 보란 듯이 만방에 과시하고 있다.

한 미국인 플라뇌르

에펠탑이 세워진 지 거의 30년이 지난 1928년, 파리의 거리를 이리저리 돌아다니던 30세의 뉴욕 출신의 청년이 있었다. 그는 유대계로 본명은 야콥 게르쇼비츠 Jacob Gershowitz 인데 보통 조지 거쉰 George Gershwin 으로 불렸다.

그가 뉴욕에서 〈랩소디 인 블루 Rhapsody in blue〉라는 곡을 발표

멀리 에펠탑이 보이는 파리의 거리

하여 크게 주목을 받자, 뉴욕 필하모니 오케스트라의 지휘자는 그해 12월에 그의 신곡을 발표하고 싶다면서 작곡을 의뢰했다. 그는 이 의뢰를 받고 파리에 온 것이다. 그는 이곳에서 한 수 터득하기 위해 작곡 교수로 명성이 높던 나디아 불랑제와 유명한 작곡가 모리스 라벨을 찾았다. 하지만 '문전거부'당했다. 왜 그랬을까? 그랑되르 의식으로 콧대가 높은 프랑스인이 '문화수준이 낮은 미국인'을 거부했던 것일까? 그것은 아니었다. 나디아 불랑제는 거쉰에게 유럽 정통 클래식 감각을 심는 것은 그의 천부적인 재즈 감각을 오히려 해칠 것이라고 우려했던 것이다. 한편 그해 〈볼레로〉를 작곡한 라벨은 젊은 거쉰에게 "자네는 '1류 거쉰'인데 왜 '2류 라벨'이 되려 하는가?" 라고 되물었다. 불랑제나 라벨은 자기네들의 명성이나 작곡 스타일을 내세우지 않았다. 미국석 토양에서 자란 거쉰의 독창성을 더욱 발전시키라고 소언했던 것이다. 그래서 거쉰은 파리에서 머물며 새로운 곡을 작곡했는데 이것이 바로 〈파리의 미국인〉이다.

이 곡은 미국인의 눈으로 본 파리의 인상을 마치 드뷔시나 샤브리에 스타일의 음악적 색채로 유머러스하게 그려내고 있는데, 클래식 음악의 전통과 재즈, 블루스, 래그타임, 유대 음악 등의 여러 이질적인 요소와 파리의 거리를 달리는 자동차의 경적 소리가 재미있게 접목되어 있다. 이 작품은 3개의 에피소드로 구성되어 있는데 그 사이사이가 매우 부드럽게 연결되어 있으며 선

퐁피두 센터의 관람객들. 멀리 몽마르트르 언덕이 보인다.

에펠탑에서 본 파리

율도 뛰어나고 명랑하며 생기가 넘친다. 이 곡은 뉴욕 카네기홀에서 초연되었을 때 비평가들의 평가는 엇갈렸지만 곧 미국뿐만 아니라 유럽에서도 사랑받는 곡이 되었다.

거쉰은 이 곡에 대해 자기는 뚜렷한 목적 없이 또 아무런 생각도 없이 그냥 작곡했다고 했다. 그러니까 아무런 목적지를 생각하지 않고 무심코 길을 걷는 플라뇌르처럼 작곡했다는 뜻이다.

이 작품은 세 개의 에피소드—파리 택시의 경적 소리가 유머러스하게 나타난다. 그러다가 블루스풍의 음악으로 바뀌면서 향수에 젖은 듯한 바이올린 선율이 흐르다가는 다시 유쾌한 기분으로 돌아가 다시 파리의 활기찬 분위기에 빠진다—로 구성되어 있다. 각 에피소드는 선율이 뛰어나고 생기가 넘치며, 또 서로 매우 부드럽게 연결되어 있는데, 파리를 이리 저리 배회하면서 파리의 분위기에 빠져드는 한 미국인의 느낌이 그대로 느껴진다. 그런데 아무리 봐도 거쉰이 이 곡을 그냥 무심코 손 가는 대로 작곡한 것이 아니라 확실한 계획과 의도를 갖고 작곡한 것 같다. 그렇다면 그가 '플라뇌르'였다고 과연 말할 수 있을까? §

■ 스페인 | 마드리드 | 마드리드의 거리
복케리니(1743-1805) | 현악5중주 《마드리드 거리의 밤의 음악》

남국의 밤거리에 흐르는 경쾌한 행진곡

낮이든 밤이든 마드리드에서 가장 활기가 넘치는 곳은 '태양의 문'이라는 뜻의 푸에르타 델 솔Puerta del Sol 광장과 그 주변이다.

위에서 보면 마치 반달의 형태로 조성된 푸에르타 델 솔 광장은 마드리드의 심장으로 자그마치 10개의 거리가 연결되어 있는데, 그중 북서쪽으로 직선으로 뻗은 거리 카예 델 아레날Calle del Arenal은 오페라극장과 왕궁Palacio Real과 대성당으로 연결되고, 남서쪽으로 쭉 뻗은 카예 마요르Calle Mayor는 마드리드의 거실이라고 할 수 있는 대광장 플라사 마요르Plaza Mayor와 이어지며, 동쪽으로 가다가 동남쪽으로 꺾어지는 거리 카레라 데 산 헤로니모Carrera de San Jeronimo는 프라도 미술관으로 연결된다.

이 광장에는 두 개의 동상이 세워져 있는데, '마드로뇨'라고

마드리드의 상징인 곰 동상

하는 나무 열매를 따먹는 곰의 동상과 카를로스 3세의 기마상이다. 곰은 마드리드를 상징하는 동물이고, 카를로스 3세는 1759년부터 약 30년 동안 스페인을 통치하면서 나라의 기틀을 확고히 다진 왕으로, '마드리드 시장'이란 별명이 붙을 정도로 마드리드 시가지를 대대적으로 재정비하여 스페인 왕국의 수도로서 기품 있는 면모를 갖추도록 했다. 현재 스페인 국왕 후안 카를로스 1세는 바로 그의 직계 후손이다.

푸에르타 델 솔 광장이 유명해지게 된 것은 매년 새해맞이 행사가 1962년부터 스페인 전역에 생중계되면서부터다. 마드리드 광역지구 청사 종탑에서 12월 31일 자정을 알리는 종소리가 열두 번 울리는데, 광장에 모인 사람들은 백포도알 12개를 준비하고 있다가 종이 울릴 때마다 포도를 한 알씩 입에 넣으면서 새해의 행운을 기원한다. 종소리가 끝나자마자 하늘에는 불꽃이 피어오르고, 새해를 맞는 사람들은 환희에 차서 마주치는 사람마다 새해 인사를 주고받는다. 한쪽에서는 노래를 부르고 춤을 추기도 한다. 환희에 찬 축제는 밤새도록 계속되는데 이러한 분위기는 어쩌면 일 년 내내 느껴지는 듯하다.

마드리드 밤거리의 야상곡

불빛 밝혀진 푸에르타 델 솔 광장에서 오페라극장과 왕궁이 있는

쪽으로 걸어가는데 귀에 익은 멜로디가 들려온다. 누군가 바이올린과 첼로로 흥겹게 연주하는데, 가만히 귀 기울여보니 2002년 바르셀로나 올림픽 개막식 때 울려 퍼지던 그 선율이 아닌가? 또 피터 위어 감독의 영화 〈위대한 정복자〉의 마지막 장면에서도 연주되지 않았던가? 이것은 다름 아닌 〈파사 카예Passa Calle〉라는 곡이다. 정확히 말하자면 루이지 복케리니Luigi Boccherini: 1743~1805의 현악 5중주 《마드리드 거리의 밤의 음악Quintetto 'Musica notturna delle strade di Madrid' Op.30 No.6, G.324》 중에서 나오는 곡이다.

  복케리니라면 〈현악 4중주 E장조〉 중의 '미뉴에트'와 〈첼로 협주곡 B장조〉와 같은 우아하고도 기품 있는 곡으로 널리 알려진 작곡가다. 이탈리아 토스카나 지방의 도시 룩카Lucca 출신인 그는 마드리드에서 주로 활동했고 또 이곳에서 삶을 마감했다.

  그는 아버지를 통해 어렸을 때부터 첼로를 익혔다. 그의 아버지는 첼로나 콘트라베이스와 같은 저음 악기를 다루던 음악가였다. 그는 14세 때부터 아버지와 함께 오스트리아의 빈으로 가서 국제적인 경험을 쌓고 첼로 연주가로서 명성을 날렸다. 이후 파리에서는 작곡가로서도 크게 인기를 끌었다. 26세 때는 마드리드로 건너와 스페인 국왕 카를로스 3세의 동생 돈 루이스의 궁정에서 일하게 되었다. 그는 이곳에서 장장 40년 동안 정열적으로 활동하며 많은 현악곡을 썼다. 돈 루이스 궁정에 속해 있으면서도 작품 활동을 자유롭게 할 수 있었기 때문에 유럽의 여러 국

카를로스 3세의 기마상. 그는 1759년부터 1788년까지 약 30년 동안 스페인을
통치하면서 나라의 기틀을 확고히 다졌다.
보케리니는 카를로스 3세가 재위할 때 마드리드에서 활동했다.

마드리드의 중심 푸에르타 델 솔 광장. 이 광장에서 중심을 이루는 건물은 종탑이 있는 마드리드 광역지구 청사이다.

가에서 출판으로도 상당한 수입을 얻었다.

그는 현악 4중주의 기틀을 처음으로 확립한 장본인으로서 그의 명성은 동시대 음악가였던 모차르트와 하이든 못지않았다. 그런데 그가 죽은 후 그의 음악은 오랫동안 잊혔다가 20세기 중반에 들어서 재평가되기 시작했다.

음악으로 그린 마드리드 서민들의 삶과 애환

《마드리드 거리의 밤의 음악》은 두 대의 바이올린, 비올라, 두 대의 첼로를 위한 현악 5중주 소품으로 1780년이니까 카를로스 3세가 스페인을 통치하던 시대다. 이 작품은 일곱 개의 작은 곡으로 구성되어 있으며 다음과 같이 각 곡마다 제목이 붙어 있다.

1. 아베 마리아의 종소리 Le campane de l'Ave Maria
2. 병정들의 북소리 Il tamburo dei Soldati
3. 맹인들의 미뉴에트 Minuetto dei Ciechi
4. 묵주 기도 Il Rosario
5. 길거리 풍경 Passa Calle
6. 북소리 Il tamburo
7. 물러가는 야경 병정들의 행진 Ritirata

성당 안의 서룩함과 거리의 활기가 뒤섞여 연결되어 있는 이 작품의 흐름을 보면, 종소리를 묘사하는 바이올린의 피치카토로 종교적인 엄숙한 분위기로 시작되다가 단선율의 바이올린으로 묘사되는 병정들의 북소리로 분위기가 전환된다. 그러다가 거리의 거지 맹인들의 춤으로 장면이 바뀐 다음 잠깐 기도하는 분위기로 되돌아갔다가 다시 길거리의 흥겨운 분위기로 전환된다. 길거리 사람들이 부르는 노래와 춤을 묘사한 〈파사 카예〉에서는 바이올린과 첼로가 서로 반주를 해주면서 멜로디를 주고받는데, 반주할 때의 바이올린과 첼로는 마치 기타 소리처럼 들린다(실제로 복케리니는 이 부분에서 바이올린과 첼로를 기타처럼 무릎에 올려놓고 연주하라고 지시했다). 길거리의 흥겨운 분위기는 북소리를 묘사하는 아주 짧은 단선율의 바이올린 곡으로 전환되고 야경을 마치고 병영으로 돌아가는 병정들의 경쾌한 행진곡으로 끝을 맺는다.

연주 시간 10분 조금 넘는 이 현악 5중주곡은 고전시대의 엄격한 형식에 전혀 구애받지 않는 자유로운 형식의 음악으로, 당시 마드리드 서민들의 삶의 단면을 음으로 그린 풍속화라고 할 수 있다.

이 작품은 당시 스페인에서 선풍적인 인기를 누렸기 때문에, 복케리니는 일곱 번째 곡의 경쾌한 행진곡 테마를 자신의 〈기타 5중주 9번 G.453〉의 제4악장에도 다시 사용했다. 또 이탈리아 현대음악 작곡가 루치아노 베리오는 이 행진곡 테마를 오케스트라 곡으로 새롭게 편곡하기도 했다. 이처럼 〈마드리드 거리의 밤의 음악〉은 시대와 국경을 넘어 많은 사람들의 사랑을 받고 있다. 그런데 이 작품이 정식으로 출판된 것은 복케리니가 죽은 다음의 일이었다. 왜 그랬을까? 복케리니가 출판을 꺼려했기 때문이었다. 대체 무슨 이유로 출판을 꺼렸던 것일까?

복케리니는 마드리드의 환경과 서민들의 정서를 모르는 다른 나라 사람들은 이 작품을 제대로 이해할 수 없을 것이며, 또 연주자들도 그 분위기를 제대로 살리지 못할 것이라고 우려했던 것이다. 엄밀히 말하자면 그가 우려했던 것은 2백여 년이

마드리드 왕궁의 야경

마드리드의 '거실'인 대광장 플라사 마요르(Plaza Mayor)

지난 지금과도 크게 달라진 바 없다. 어떤 음악은 그 음악이 태어난 지리적 배경과 시대적 상황과 음악가의 생애에 대해 알고 있지 않으면 제대로 연주하기도 힘들고 또 제대로 감상하기도 어렵다. 《마드리드 거리의 밤의 음악》이 바로 그렇다.

보케리니가 제목에서 '마드리드'라는 장소와 '밤'이라는 특정한 시간을 명시했듯이 무명 음악가들의 연주가 들려오는 마드리드의 거리를 한번쯤 체험해보고 2백여 년 전의 마드리드의 거리 풍경을 상상해본다면 이 작품에 내재된 삶의 기쁨을 훨씬 더 잘 음미할 수 있을 것이다. 그리고는 입가에 저절로 미소가 흘러나올 것이다. §

■ 이탈리아 | 로마 | 비아 아피아
❞ 레스피기(1879-1936) | 《로마의 소나무》 중에서
〈비아 아피아의 소나무〉

폐허의 도로에서 회고하는 로마의 영광

영원의 도시 로마. 로마는 기원전 753년에 건국된 이래로 지금도 살아 움직이는 도시다.

로마 외곽의 넓고 푸른 들판을 직선으로 가로지르는 비아 아피아 Via Appia의 유적을 따라 걸어가본다. 석양빛이 반사되는 돌 포장 위로 양떼가 지나간다. 이를 지켜보는 듯 도로 양쪽으로 늘어선 소나무들은 묘한 분위기를 자아낸다. 소나무는 예로부터 장수長壽 또는 영원성을 상징하니까 영원의 도시 로마와 아주 잘 어울리는 나무인 셈이다.

비아 아피아는 로마로 통하던 모든 길 중에서 레기나 비아룸 Regina Viarum, 즉 '길의 여왕'이라고 불릴 정도로 중요한 도로였다. 비아 Via는 '길, 도로'라는 뜻이고, 아피아 Appia는 '아피우스

직선도로 비아 아피아. 당시의 포장이 남아 있다.

비아 아피아에서 자전거를 타는 아이들

Appius의' 라는 말이니, 비아 아피아는 아피우스라는 사람이 만든 도로다. 우리나라 일본의 출판물에서 '아피아 가도'라고 어색하게 번역되어 있다.

　이 길은 세계 최초의 '고속도로'였다. 그럼 언제 세워진 것일까? 또 아피우스는 어떤 사람이었을까?

모든 길은 로마로 통한다

기원전 4세기, 로마가 이탈리아 반도를 석권하기 전의 일이다.

로마가 이탈리아 남단의 그리스 식민지 타란토를 공략하려 하자, 타란토는 바다 건너 에페이로스의 피로스 왕에게 도움을 요청했다. 타란토를 구원하러 이탈리아로 건너온 피로스 왕은 로마군을 두 번이나 격멸했다. 하지만 피로스 왕도 피해가 막심했기 때문에 로마에 화평을 제의하고자 사신 키네아스를 보냈다. 키네아스는 어떠한 고집불통이라도 설득할 정도로 말솜씨가 뛰어난데다가 로마 원로의원들의 이름을 모조리 외울 정도로 기억력도 뛰어난 인물이었다. 로마 원로원에서 그가 능란한 화술로 입을 열자, 원로의원들은 쥐 죽은 듯 모두 조용히 앉아 있었다. 그때 의원석 한쪽 구석에 앉아 있던 한 노인이 벌떡 일어나 단호하게 말했다.

"뭐, 화평이라고? 피로스가 이탈리아 땅을 밟고 있는 한 로마는 그와 어떠한 협상이나 화평도 있을 수 없다!"

노인은 앞을 못 보는 장님이었다. 전쟁도 불사하겠다는 노인의 강경한 태도에 키네아스는 잔뜩 기가 죽어 피로스 왕에게 이탈리아에서 물러나는 것이 좋겠다고 설득했다고 한다. 이 노인의 이름은 아피우스 클라우디우스 Appius Claudius. 그가 바로 세계 최초의 고속도로를 건설한 장본인이다. 그는 로마의 명문귀족 클라우스 가문 출신으로 '철의 정치가'로 기억되고 있다. 그는 늙어서 앞을 보지 못했기 때문에 맹인이란 뜻의 '카이쿠스'라는 별명을 붙여서, 보통 아피우스 클라우디우스 카이쿠스 Appius Claudius

양떼들이 지나는 석양의 비아 아피아

Caecus라고 불린다.

그는 기원전 312년(또는 310년)에 18개월 동안 켄소르censor 즉 재무관의 임무를 담당했는데 켄소르는 공익사업을 위해 국고를 사용할 수 있는 권한이 있었다. 그래서 수로 건설과 도로 건설이라는 대단위 공공사업을 추진했다. 물론 이에 반대하는 무리들도 만만치 않았다. 반대파들은 그에게 엄청난 비용을 들이면서 별 쓸모없는 것을 만든다고 비난했다. 하지만 그는 군사 및 행정의 효율성을 높이는 인프라의 필요성을 인식하고 있었을 뿐 아니라 대규모 공사를 벌임으로써 수많은 사람들에게 고정된 일자리를 제공한다는 경제적 측면도 계산하고 있었다.

사실 로마는 다른 나라를 정복하고 식민지를 건설하면서 새로운 도로망을 건설했는데, 이 도로망은 군사용도로서 최상의 기능을 발휘했으며 새로운 정복지를 로마화하는 데도 효율적으로 사용되었다. 즉 도로는 군사적, 정략적, 행정적 필요에 부응한 것이었다.

이 도로들은 가능한 한 곡선을 피하고 직선으로 만들었다. 계곡이 있으면 높은 돌다리를 세웠고, 바위가 있으면 깎아냈으며, 산이 있으면 뚫었다. 이와 같이 로마를 기점으로 포장도로들이 방사선처럼 뻗어나가기 시작하여 제정 시대에는 유럽, 아시아, 아프리카까지 뻗친 엄청난 도로망이 형성되었다.

로마인들이 후세에 남긴 것 가운데 도로만큼 상징적이며

웅변적으로 그들의 대망을 엿보게 하는 것도 없을 것이다. 인간의 역사를 뒤돌아볼 때, 로마처럼 국가조직이 체계적인 나라도 있었고 군사력이 강한 나라도 있었으며 훌륭한 건축물과 예술을 남긴 나라도 있었지만 로마처럼 10만 킬로미터가 넘는 엄청난 도로망을 구축한 나라는 없었다. 아니 그럴 생각조차 해본 나라도 없었을 것이다. 고대 페르시아와 중국에서도 비슷한 예를 볼 수 있겠지만 로마의 도로는 소위 네트워크를 이루고 있었다는 점에서 비교가 되지 않는다.

음악에 담은 비아 아피아의 인상

비아 아피아를 건설할 때 땅 위에 단순히 돌만 깐 것은 아니다. 도로의 기초는 크기와 강도가 다른 네 개의 층으로 된 돌들이 깔려 있어 도로의 표면을 고르게 유지할 수 있었을 뿐 아니라 사용하면 할수록 도로가 더 튼튼해졌다. 그러니까 수천 년 사용할 것을 염두에 두지 않았더라면 그렇게 튼튼하게 도로를 닦을 필요가 없었을 것이다.

    도로의 폭은 마차가 양쪽 방향으로 지나갈 수 있도록 4.1미터로 했고, 도로의 미관을 위해서 양변에 가로수를 심었고, 도로 가운데 부분을 약간 불룩하게 하여 비가 오면 물이 도로 양쪽의 배수구로 빠져나가게 했다. 거의 2300년이 지난 후, 20세기 중반에 와서야 고대 로마인들이 세운 도로와 비슷한 개념의 도로가 나타나는데 이것이 바로 고속도로다.

비아 아피아는 나중에 이탈리아 남동쪽의 항구 브린디지Brindisi까지 연장되어 명실 공히 540킬로미터의 대동맥이 이어지게 되었다. 이리하여 그리스, 시리아, 이집트 등 동방에서 개선하고 돌아오는 로마군들은 이 도로를 통하여 수도 로마로 입성했던 것이다.

비아 아피아는 거의 2500년이 지난 지금도 상당 구간 사용되고 있다. 물론 아스팔트를 깔았지만.

로마의 영광의 역사를 간직한 비아 아피아의 인상을 음악으로 담은 '시인'이 있다. 그의 이름은 레스피기Ottorino Respighi 1879-1936. 그는 볼로냐 출신으로 당시 로마 산타 체칠리아 음악원장을 역임하고 있었다.

이탈리아는 바로크 시대까지만 하더라도 전 유럽의 음악가들이 몰려오던 나라였으나 19세기 전반에 들어서는 유럽 다른 나라에 비해 기악 분야가 크게 뒤처져서 재능 있는 이탈리아의 음악도들은 오히려 이탈리아를 떠나야만 했다. 당시 이탈리아는 단지 오페라로 음악의 명맥을 이어가고 있었다.

기악이 뒤처진 이탈리아에 베토벤의 음악이 소개되기 시작한 것은 1860년대에 접어들면서부터였다. 레스피기는 러시아로 유학을 가서 림스키코르사코프의 가르침을 받고 돌아와서는 지난날의 영광을 되살리고 이탈리아적인 색채를 찾는 데 열정을 쏟았다. 그리하여 탄생한 것이 '로마 3부작', 즉《로마의 분수》,《로마의 소나무》,《로마의 축제》다. 그런데 그의 음악은 지난날의 영광에 도취되어 있던 이탈리아 사람들에게는 생소하게만 들릴 뿐이었다.

《로마의 소나무 I pini di Roma》는 다음과 같은 네 곡으로 구성되어 있다.

1. 빌라 보르게제의 소나무
2. 카타콤베의 소나무
3. 쟈니콜로 언덕의 소나무
4. 비아 아피아의 소나무

1924년《로마의 소나무》가 로마에서 초연되었을 때의 일이다. 셋째 곡이 연주될 때까지 청중들의 반응은 시큰둥했다. 심지어 청중석에서 '우우~'하는 야유도 터져 나왔는데 마지막 곡 〈비아 아피아의 소나무〉가 연주될 때 청중들의 반응은 달라지기 시작했다. 안개 낀 새벽에 멀리서 로마를 향해 행진하며 들려오는 로마군의 개선 행렬을 묘사하는 듯한 북소리가 점점 커지면서 오케스트라가 웅장한 스케일로 치닫자 관객들은 마치 로마군의 개선행렬을 실제로 맞이하는 것처럼 환호했다.

비아 아피아 언저리에 세워진 거대한 체칠리아 메텔라의 묘소.
체칠리아 메텔라는 로마공화정 말기 최고 부호였던 크라수스의 장남의 아내였다.

초연에 성공한 《로마의 소나무》는 유럽뿐만 아니라 대서양 건너 미국에서 연주되기 시작했으며, 명지휘자 토스카니니도 이 곡을 자신의 오케스트라 레퍼토리에 포함시켰다. 이리하여 이 곡은 20세기 명곡 중의 하나로 자리매김했다. 일부에서는 〈비아 아피아의 소나무〉가 파시스트 냄새가 난다고 시비를 걸지만 말이다.

비발디가 18세기 초 이탈리아의 기악음악을 최고 수준으로 끌어올린 사람 중의 하나라면, 레스피기는 20세기 초 쇠퇴해 가는 이탈리아 오페라를 대신하여 기악음악의 새로운 장을 연 인물이다. 세계 최초의 고속도로를 연 아피우스처럼 레스피기는 음악사의 뒷전으로 밀려날 뻔했던 이탈리아에 새 길을 터준 음악가였다. §

■ **이탈리아** | **로마** | **비아 델 코르소**
베를리오즈(1803-1869) | 〈로마의 카니발, 오케스트라를 위한 서곡〉

흥청망청하는
'로마로 통하는 길'

로마의 핀치오 언덕에는 메디치 가문이 16세기 후반에 세웠던 빌라 메디치 Villa Medici가 로마의 시가지를 내려다보고 있다.

이 건물 안에는 1803년부터 로마의 프랑스 예술원이 자리 잡고 있다. 프랑스 정부는 예로부터 예술 문화 분야에 뛰어난 젊은이들을 선정하여 로마에 일정기간 유학을 보내고 있는데, 빌라 메디치는 이를테면 로마 대상 Prix de Rome을 받은 프랑스 국가장학생들이 연구하면서 기거하는 곳이다. 이곳에 있는 도서관은 건축, 미술, 음악, 언어 등에 관련하여 수많은 서적과 희귀한 옛날 자료들을 소장하고 있기 때문에 내가 즐겨 찾는 곳이기도 하다.

나는 이 도서관에 갈 때마다 내가 앉은 자리에 앉았을지도 모를 베를리오즈, 드뷔시, 라벨, 다비드, 앵그르 등 유명한

비아 델 코르소의 인파

음악가들과 화가들의 체취를 느끼며 야릇한 기분에 빠져들기도 한다.

빌라 메디치를 나와 로마의 명소 스페인 계단을 따라 내려간다. 이 매력적인 후기 바로크양식의 계단은 로마의 최고 명품 거리인 비아 데이 콘돗티 Via dei Condotti 거리와 연결된다. 이 거리에는 1760년에 문을 연 유명한 카페 그레코 Caffè Greco 가 있는데 괴테, 스탕달, 바이런, 키츠, 멘델스존, 리스트, 안데르센 등 유럽의 유명한 인물들이 즐겨 찾던 곳이다. 비아 데이 콘돗티는 비아 델 코르소 Via del Corso 와 수직으로 교차한다.

비아 델 코르소는 로마 중심가를 남북으로 잇는 동맥과 같은 거리이다. 좀 더 정확히 말하자면 남쪽의 베네치아 광장과 북쪽의 포폴로 광장을 연결하는 1.6킬로미터 정도의 길인데, 로마로 통하는 모든 길 중의 하나였던 비아 플라미니아 Via Flaminia 의 첫 구간에 해당한다. 비아 플라미니아는 '플라미니우스의 도로'라는 뜻으로, 기원전 220년에 집정관 가이우스 플라미니우스 Gaius Flaminius 가 로마와 북동부의 해안 도시 리미니를 연결하기 위해 건설한 장장 329킬로미터가 되는 도로이다.

비아 델 코르소 거리는 중세 때에는 비아 라타 Via Lata 라고 불렸다. 그러다가 1466년 교황 파울루스 2세가 로마 카니발 행사의 하나로 이 거리에서 야생말 경주를 하도록 한 이래로 지금의 이름으로 바뀌었다. 즉 '경주競走의 거리'라는 뜻이다. 한편 야

로마의 명품거리 비아 데이 콘돗티와 스페인 광장의 계단

생말 경주는 당시 로마의 북쪽 관문이던 포폴로 광장에서 출발하여 비아 델 코르소를 달려 캄피돌리오 언덕 아래의 베네치아 광장까지 달리는 것이었는데, 로마의 카니발 행사 중에서 가장 많은 인기를 끌었다. 그리고 이 길 중간쯤에 있는 콜론나 광장에서는 카니발 불꽃놀이 행사가 열리곤 했다.

현재 이탈리아에서 카니발이라면 가면축제로 유명한 베네치아 카니발과 정치를 풍자하는 가장행렬축제로 유명한 비아레지오의 카니발을 가장 먼저 손꼽는다. 로마의 카니발은 지금은 시들해지고 말았지만 1800년대 말까지만 하더라도 베네치아의 카니발 이상으로 유명했다. 로마의 카니발의 중심 무대가 된 곳은 바로 비아 델 코르소였다. 카니발 행사 기간 중 이 길은 무대가 되었고, 길 양쪽에 세워진 귀족 소유의 건물의 창과 발코니는 귀족들을 위한 관객석이었던 것이다.

카니발의 유래

카니발은 아무 때나 하는 축제가 아니다. 그 기원은 고대 로마인의 축제인 사투르날리아 Saturnalia 로 거슬러 올라간다. 사투르날리아는 동지 冬至 쯤의 축제로 농업의 신 사투르누스에게 감사하던 행사였다. 재미있는 것은 이 축제기간 중 사회의 약자는 강자를 놀려줄 수 있었고, 노예도 주인처럼 행세할 수 있었다는 것이다.

그러니까 대다수의 민중들에게 사투르날리아는 일 년 동안 쌓였던 스트레스를 한방에 날려 버릴 수 있는 아주 좋은 기회였다.

로마제국이 멸망하고 중세에 접어들어서도 교회는 이러한 이교도의 축제를 완전히 무시할 수는 없었다. 이리하여 사투르날리아는 기독교 절기 행사에 접목되었고, 축제일은 사순절 이전으로 변경되었던 것이다.

예수 그리스도가 탄생한 날은 12월 25일이고, 동방박사가 예물을 들고 아기예수를 찾아간 날 1월 6일은 이탈리아에서 에피파니아Epifania라고 한다. 이날부터 부활절까지는 두 기간으로 나뉘어 지는데, 에피파니아로부터 사순절 직전까지를 이탈리아어로 카르네발레carnevale 기간이라고 하며, 축제는 사순절 직전 1주일간이 절정을 이룬다. 이때 사람들은 가면을 쓰든가 변장을 한 채로 흥청망청 마시고 춤추며 논다. 사순절이란 40일 동안 경건한 마음으로 부활절을 기다리는 기간이다. 인간은 아무리 신앙이 깊어도 일 년 내내 항상 경건할 수는 없었던 모양이다. 카니발은 경건한 기간을 맞기 전에 마음껏 먹고 마시고 놀고 고기를 먹는 기간인 셈이다.

참고로, 라틴어와 이탈리아어로 고기를 carne카르네라고 하고, '뜯어내다.' '떼어내다' 라는 동사는 levare레바레이다. 이 두 개의 단어는 합성된 채 세월이 흐르면서 l과 r이 뒤바뀌어 carnevale카르네발레가 된 것으로 보인다. 이 말은 프랑스어로 넘

이탈리아 통일기념관에서 내려다본 베네치아 광장과
건물 사이로 보이는 비아 델 코르소

포폴로 광장에서 열리고 있는 로마의 카니발 축제

어가서는 카르나발 carnaval 이 되고 영어로 넘어가서는 카니발 carnival 이 되었다.

로마 땅을 밟은 젊은 베를리오즈

프랑스 정부가 주는 로마대상에 네 번 도전하여 마침내 성공한 베를리오즈는 1831년 12월 30일 프랑스를 떠나 로마로 향하게 되었다.
    그는 부모의 반대에도 무릅쓰고 카미유라는 아가씨와 약혼을 한 상태였다. 한동안 그녀와 멀리 떨어져 있을 생각을 하니 마음이 괴로웠다. 사랑하는 약혼녀와 이별을 나눈 그는 마침내 그토록 가고 싶어 했던 로마에 도착했지만 그녀 생각에 잠 못 이루는 밤을 보내곤 했다. 그가 그녀를 그토록 그리워했는데도 불구하고, 이상하게도 그녀로부터는 아무런 소식이 없었다. 아무리 기다려도 편지 한 장 없자, 베를리오즈는 빌라 메디치 체류기간 중인데도 불구하고 프랑스로 향했다. 이럴 수가! 프랑스로 향하던 중 그는 그녀의 어머니가 보낸 편지를 받았는데 그 편지에는 카미유가 그 사이에 다른 남자와 결혼했으니 일찌감치 그녀를 포기하라고 쓰여 있었다. 불같은 성격의 베를리오즈는 배신당하고 나니 가만히 있을 수는 없었다. 복수심에 불타오른 그는 카미유가 사는 곳을 찾아가 그녀와 그녀의 어머니를 살해하고 나서 자살할 계획을 치밀하게 세웠다. 물론 그가 그냥 나타나면 그녀가 그를 쉽게 알아 볼 테니까 하녀로 변장할 계획도 세웠다. 그러니까 카니발 축제 때 즐기기 위해 변장하는 것과는 완전히 차원이 다른 이야기였다.

하지만 그는 곧 이 계획을 포기하고 다시 로마로 내려왔다. 그 이후 그는 로마 생활에는 별로 애착을 갖지 않았고, 틈나는 대로 로마 주변의 들과 산으로 돌아다니기만 했는데, 이러한 경험은 나중에 〈이탈리아의 해롤드〉를 작곡하는 데 원천이 되었다.

그는 로마 체류기간 중에는 한 곡도 쓰지 않다가 파리로 돌

빌라 메디치 | 로마 체류기간 중에 그려진 베를리오즈의 초상화. 베를리오즈가 약혼녀에게 복수하러 갔다가 시 로마에 왔을 때 빌라 메디치에 체류하던 동료 장학생 화가가 그려 준 것이다.

야간 다음인 1834년에야 비로소 로마를 배경으로 하는 오페라를 구상했다. 이때 시작한 작품이 바로 오페라 〈벤베누토 첼리니〉로 그는 이것을 4년 만에 완성했다. 벤베누토 첼리니는 1500년 피렌체 태생의 유명한 보석 공예가 겸 조각가이다. 이 오페라는 첼리니가 로마에서 활동하던 시기인 1532년 카니발 기간 중에 벌어지는 사랑의 이야기를 다룬 것이다.

그런데 베를리오즈가 심혈을 기울여 작곡하고 무대에 올린 이 오페라는 완전 실패로 끝나고 말았다. 게다가 이에 따른 금전적 손실도 막심했으니 그야말로 쪽박을 차고 말았던 것이다.

하지만 이 아까운 작품을 그대로 모두 버릴 수는 없는 법. 5년 후에 그는 생각을 달리하고 이 오페라 중에서 몇 군데를 발췌하여 새로운 '제품'을 구상했다. 그는 이 오페라 1악장에 나오는 첼리니와 그가 사랑하는 여인 테레자가 함께 부르는 이중창과 불꽃놀이로 왁자지껄한 콜론나 광장의 분위기를 묘사한 곡을 되살려 약 9분 정도 길이의 새로운 관현악곡을 만들어냈다. 이것이 바로 〈로마의 카니발, 오케스트라를 위한 서곡 Le carnaval romain, ouverture pour orchestre Op.9〉이다. 이 작품에서는 성악곡을 완전히 새롭고 신선한 음색의 오케스트라 곡으로 변화시킨 그의 놀라운 능력이 돋보인다.

베를리오즈는 이 곡을 다음 해인 1844년 2월 3일에 파리에서 초연했는데 결과는 대성공. 그 후 그는 가는 곳마다 이 곡을 연주하면서 엄청난 대박을 터뜨렸다. 그러니 오페라 〈벤베누토 첼리니〉에서 입은 손실을 완전히 만회할 수 있었던 셈이다.

이 곡이 대중적으로 크게 성공한 요인을 분석해 볼 때, 무엇보다도 먼저 산뜻한 제목이 큰 몫을 하지 않았나 생각된다. 당시 로마의 카니발이 유럽에서 아주 유명했으니, 사실 관중들에게는 '벤베누토 첼리니'보다는 '로마의 카니발'이란 제목이 훨씬 더 잘 와 닿았을 뿐 아니라 호기심을 훨씬 더 많이 유발했을 것이다. 그리고 사람들은 나름대로 로마 카니발을 다음과 같이 연상하며 이 곡을 감상하지 않았을까.

비아 델 코르소 중간 쯤에 있는 콜론나 광장.
이 광장은 카니발 기간 중에는 불꽃놀이 행사가 열리던 곳이다.

비아 델 코르소에서 야생마들이 달리는 모습을 묘사하는 것 같은 리듬이 폭발하듯 터져 나오고, 이어서 천천히 지나가는 가장행렬을 묘사한 것 같은 리듬을 타고 잉글리시 혼의 유연한 멜로디가 주제 선율을 이끌어간다. 주제 선율은 다시 다른 악기들에 의해 반복되며 흥겨운 행진처럼 흘러간다. 그리고는 장면이 바뀌어 야생마들이 질주하는 듯한 빠른 리듬은 불꽃놀이를 보고 환호하는 와자지껄한 분위기와 뒤섞이면서 클라이맥스로 치닫다가 통쾌하게 끝맺는다.

이 곡의 또 다른 성공요인으로 누구나 부담 없이 즐거운 마음으로 받아들일 수 있는 적절한 곡의 길이도 간과할 수 없을 것 같다. 이 곡을 들으면서 졸았다는 사람은 없으니 말이다. §

■ 오스트리아 | 비엔나 | 캐른트너 슈트라세
❞ 모차르트(1756-1791) | 《레퀴엠》 d단조 K.626

천재의 죽음을
애도하는
크리스마스 불빛

잔뜩 흐리고 추운 날, 그의 장례식 실황은 위성을 통해 전 세계에 방영되고 있다. 이 성대한 장례식에 참석하기 위해 유엔 사무총장, 미국 대통령 등 세계 정상들이 캐른트너 슈트라세를 지나 슈테판 대성당에 속속 도착하고 있다. 그중에는 우리나라 대통령을 비롯해 일본 총리, 중국 주석의 모습도 보인다.

슈테판 대성당의 종탑에서 종이 울린다. 광장 앞에 모인 사람들이 고인을 기리면서 촛불을 켜들기 시작하자 대성당 앞 광장과 번화한 캐른트너 슈트라세 거리는 온통 촛불바다를 이룬다. 한편 그의 죽음에 심한 충격을 받은 나머지 세계 각처에서는 그의 뒤를 따르는 팬들이 늘고 있다는데 확인된 바로는 모두 35명이나 자살했다고 한다. 고인의 나이와도 딱 맞아 떨어지는 35.

크리스마스 불빛 장식 뒤로 보이는 슈테판 대성당의 첨탑

오스트리아 대주교의 주도로 장례식이 시작되고 고인이 쓴 진혼곡이 고딕식 대성당의 높은 천장까지 은은하게 울려 퍼진다. 눈물을 글썽이는 미국 대통령이 보인다. 애써 덤덤한 표정을 짓고 있던 유엔 사무총장은 중앙 제단 옆에 마련된 연단에서 추도사를 읽는다. 그는 '그가 세상을 떠난 것은 모든 인류에게 커다란 손실'이라고 애도하면서 목이 메인다. 그다음에는 고인의 미망인이 부축을 받으며 연단에 올라선다. 그녀는 울어서 퉁퉁 부은 눈을 감추려는 듯 검은 선글라스를 끼고 있다. 그래도 슬픔을 감출 수 없는 듯 한참 동안 아무 말없이 고개를 떨구고 있다가 힘없이 고인의 유서를 펼쳐든다. 그리고는 떨리는 목소리로 유서를 읽는다. 유서의 내용은 고인이 저작권 수입으로 모은 천문학적 액수의 재산을 한 푼도 남김없이 인류의 평화를 위해 써달라는 것이다. 그러자 유엔 사무총장의 입가에는 미소가 스친다.

진혼곡이 울려 퍼지는 가운데 화려한 장례 행렬은 대성당의 거대한 정문을 나와 조문 인파들이 빼곡히 모여 있는 캐른트너 슈트라세를 서서히 지난다. 영구차가 가는 곳은 중앙묘지 안에 조성된 국가 공헌자 묘역이다. 사람들은 영구차를 향하여 꽃송이를 던진다. 어떤 사람은 까무러치기도 한다. 어떤 사람들은 애절한 표정으로 장례 행렬을 따라가면서 고인의 이름을 부르며 울부짖는다.

"아, 모차르트! 아, 모차르트!"

12월 5일 늦은 오후, 크리스마스 쇼핑 인파로 넘치는 캐른트너 슈트라세를 따라 걸어가면서 이런 엉뚱한 생각을 해보았다. 인류 역사상 유례를 찾아볼 수 없는 이 천재 음악가 모차르트의 장례식이 만약 이처럼 거창하고 화려했더라면 그는 아무 여한이 없었을 것이다. 하지만 그의 장례식은 그의 명성에 걸맞지 않게 한마디로 초라하기 짝이 없었다. 부랴부랴 치러진 장례식에는 아내 콘스탄체 조차도 없었을 뿐더러 — 물론 당시 여자는 장례식에 참여할 수 없었지만 — 도대체 몇 명이나 참석했는지도 아무도 모른다. 게다가 하늘도 무심하지, 초라한 운구마차가 지나갈 때 폭풍과 폭설이 계속 무섭게 휘몰아치는 바람에 마지막 가는 길조차 순조롭지 않았다고 하니…….

실제로는 그날 날씨가 그렇게 나빴던 것은 아니었다고 밝혀졌지만 어쨌든 그의 유해는 다른 시체들과 함께 공동묘지 구덩이에 마치 쓰레기더미처럼 던져지고 말았고 그 묘지 위에는 변변한 비석조차 세워지지 않았다. 죽을 때 돈이라도 좀 있었더라면 그래도 조금 좋은 곳에 매장될 수도 있었겠지만, 가진 돈은 노름으로 죄다 날려버리고 빚까지 잔뜩 지고 눈을 감았다고들 하니 뭐 별 도리 없었겠지.

비엔나의 최고 번화가 케른트너 슈트라세

천재 모차르트의 마지막 순간

모차르트의 임종의 순간을 아주 정확히 말하자면 1791년 12월 5일 0시 55분이다. 그는 병상에서 마지막 순간까지 그의 마지막 작품에서 연주될 마지막 음을 제자에게 지시해주면서 숨을 거두었다. 그러니까 그의 마지막 숨소리도 그의 음악이 되었던 것이다. 그의 마지막 작품이 된 《레퀴엠 Requiem》. 그런데 '레퀴엠'이 도대체 무슨 뜻일까?

이것은 가톨릭교회의 장례 미사에서 쓰는 〈Requiem aeternam dona eis, Domine〉라는 라틴어 미사 통상 기도문의 첫 단어로 '안식을'이란 뜻이다. 이 문장 전체를 번역하면 '안식을Requiem 영원한aeternam 주소서dona 그들에게eis, 주여Domine', 즉 '주여, 그들에게 영원한 안식을 주소서'다. 그러고 보면 모차르트는 이 곡을 본의 아니게 자기 자신을 위해 쓴 셈이다. 그럼 어떤 연유로 이런 작품을 쓰게 되었을까?

모차르트는 죽기 6개월 전부터 자기를 시기하는 누군가가 자기를 독살하려 한다는 망상에 사로잡혀 있었다. 그러던 1791년 어느 날 회색 옷을 입은 한 신사가 그를 찾아왔다. 이 신사는 어느 신원미상의 귀족이 보낸 사람이었는데 모차르트에게 파격적인 작곡료를 제시하면서 〈레퀴엠〉 작곡을 의뢰했다. 그러고는 계약금으로 전체 액수의 반을 선뜻 내놓았다. 모차르트는 뭔가

캐른트너 슈트라세 부근 모차르트의
마지막 집이 있던 곳.
그 건물은 1839년에 헐리고 새 건물(오른쪽)이
들어섰다.

불길한 느낌이 들었지만 항상 돈에 쪼들려 있던 터라 이게 웬 굴러온 호박이냐 싶었을 거다. 또 한편으로 그는 돈도 돈이지만 이 곡을 한번 심혈을 기울여 쓰고 싶은 욕망도 있었다. 왜냐면 슈테판 대성당의 음악감독 자리에 지원하려면 종교 음악도 잘 쓴다는 증거를 보여줄 필요가 있었기 때문이다.

하지만 그 해 9월 8일에 프라하에서 오페라 〈티투스 황제의 자비〉 초연 일정이 잡혀 있었기 때문에 《레퀴엠》을 작곡할 시간적 여유는 전혀 없었다. 그러다가 9월 중순에 비로소 손을 대긴 했지만 그달 30일에는 〈마술피리〉 초연이 있어서 오페라를 마무리하는 것이 더 급했다. 그러다가 비로소 10월에서야

《레퀴엠》 작곡을 시작했는데 이때만 해도 그의 건강에는 크게 문제가 있었던 것은 아니다. 하지만 그는 이 곡이 자신을 위한 진혼곡이 되지나 않을까 하는 불길한 생각에 사로 잡혀 있었다고 한다. 그러다가 11월 20일 갑자기 손발이 붓고 토하기 시작하더니 병상에서 일어나지 못했다. 그 상태로 2주일이 지난 12월 4일 그는 제자들을 불러놓고 알토 부분을 흥얼거리면서 함께 연습도 하고 또 작곡의 방향을 지시할 정도로 의식이 회복되었지만 저녁이 되면서 고열과 두통으로 괴로워하더니 11시쯤에 의식을 잃었다. 그리고 자정을 넘긴 지 55분이 되었을 때 숨을 완전히 거두고 말았다.

정체불명의 고객

《레퀴엠》은 14개 부분으로 이루어 있고 연주시간은 50분가량의 대곡이다. 이 작품의 앞부분만 그가 직접 완성했고 나머지 부분은 초안과 지시사항만 남겼다. 《레퀴엠》에서 가장 감동적인 곡인 〈라크리모사〉로 그의 손길은 8번째 마디에서 중단되었다. 라크리모사 Lacrimosa는 '눈물에 젖은'이란 뜻이다. 최후의 순간이 다가오는 것을 느낀 모차르트는 이 곡을 쓸 때 솟아오르는 눈물을 가누지 못했을 것이다.

한편 28세의 젊은 나이에 남편을 잃은 콘스탄체는 이 작품을 완성하지 않으면 계약 위반이 되기 때문에 남의 손을 빌려서라도 완성된 작품을 넘겨주고 잔금을 받아야 했다. 그녀는 생전에 모차르트가 높이 평가하던 요제프 아이블러에게 추가 작곡을 의뢰했으나 그가 능력 부족으로 중도 포기하자 모차르트의 임종을 끝까지 지켜봤던 프란츠 쥐스마이어에게 모두 맡겼다. 쥐스마이어에 의해 완성된 이 진혼곡은 마침내 이름도, 성도, 얼굴도 모르는 귀족에게 넘겨졌다.

이 정체불명의 인물은 도대체 누구였을까? 약 10년이 흐른 다음에야 이 인물이 아마추어 음악가 프란츠 폰 발젝 백작이라고 밝혀졌다. 그는 1791년 2월에 세상을 떠난 아내를 추도하기 위해 모차르트에게 《레퀴엠》을 의뢰했던 것이다. 그런데 그는 상습적으로 다른 사람이 쓴 곡을 자기 작품으로 도용하는 고약한 버릇이 있었다. 《레퀴엠》도 자신이 작곡했다면서 1793년 12월 14일에 자신의 지휘로 연주했다고 한다.

한편 1984년 밀로슈 포만 감독의 영화 〈아마데우스〉에서는 모차르트에게 《레퀴엠》 작곡을 의뢰하고 그를 독살한 인물로 안토니오 살리에리 Antonio Salieri : 1750-1825 가 설정되어 있다. 살리에리라면 한때 베토벤, 슈베르트, 리스트를 가르친 적이 있을 정도로 유명한 음악가로 당시 오스트리아의 궁정악장을 역임하고 있었으니 그로서는 정말 억울한 배역이 아닐 수 없지만 나중에 모차르트의 덕을 좀 봤다. 살리에리의 음악은 1800년대에 들어서 완

모차르트 관련 기념품 매장 모스틀리 모차르트

전히 잊혔지만 그에게 엄청난 누명을 덮어씌운 영화 덕택에 다시 주목을 받게 되었으니 말이다.

모차르트 묘소로 향하기 전에

크리스마스 불빛 사이로 보이는 슈테판 대성당의 첨탑을 뒤로하고 쇼핑 인파들 사이로 캐른트너 슈트라세를 따라 걷는다. 이 거리는 슈테판 대성당 앞에서 시작하여 국립오페라 극장까지 연결되는 보행자 도로로 빈 제1의 번화가이다. 그 기원은 로마제국시

중앙공동묘지 안 음악가 묘역에 세워진 모차르트의 가짜 묘소

대로 거슬러 올라가는데, 중세에 비엔나와 캐른텐Kärnten을 연결한다고 해서 이런 도로명이 붙여졌다. 이탈리아, 슬로베니아와 국경을 이루는 캐른텐은 예로부터 베네치아로 향하는 관문이다.

  오랜 역사를 간직한 이 길을 걸으면서 모차르트의 묘소로 향하고 싶은 생각이 문득 든다. 그런데 웬 모차르트의 묘소? 그의 묘소는 없다고 하지 않았나? 사실 그의 묘소는 있다. 그가 죽은 지 80여 년이 되던 1873년, 비엔나 시당국은 중앙묘역을 조성하여 각계의 공훈자들의 묘를 그곳으로 옮기면서 흩어져 있던 베토벤, 슈베르트, 브람스 등 유명한 음악가들의 묘소도 모두 이장

국립오페라 극장 옆에서 본 캐른트너 슈트라세.
멀리 슈테판 대성당이 보이고, 앞에는 카지노 간판이 눈에 들어온다.

했다. 음악가의 묘역은 부채꼴처럼 조성되어 있는데 입구에 모차르트의 묘소가 세워져 있다. 물론 가묘다. 모차르트의 유해가 던져졌던 서민공동묘지는 흔적조차 찾을 수 없었기 때문에 음악가 묘역의 구색을 맞추기 위해 가묘라도 세워야 했던 것이다.

중앙공동묘지로 향하는 전차를 타러가기 전 오던 길을 뒤돌아본다. 슈테판 대성당의 첨탑보다는 '모스틀리 모차르트Mostly Mozart'라는 모차르트 관련 기념품 매장이 자꾸만 눈에 들어온다. 만약 모차르트가 살아있다면 음악 저작권 외에도 자기 브랜드를 빌려주고 저런 매장에서도 얼마나 많은 부수입을 올릴까 하는 생각이 든다. 그리고는 캐른트너 슈트라세 끝부분에 보이는 '카지노Casino' 간판에도 자꾸만 눈길이 간다.

인류역사상 저작권이라는 개념은 모차르트가 죽은 지 몇 년이 지난 다음에야 프랑스에서 처음으로 도입되었으니 만약 그가 그렇게 일찍 죽지 않고 프랑스에 가서 좀 더 오래 살았더라면 만년에 그래도 엄청난 부富를 누릴 수도 있었을 텐데…… 노름판에서 재산을 몽땅 탕진하지 않는다는 전제로 말이다. 물론, 생전에 그가 정말로 노름에 푹 빠져있었는지에 대해서는 명확한 증거가 없지만. §

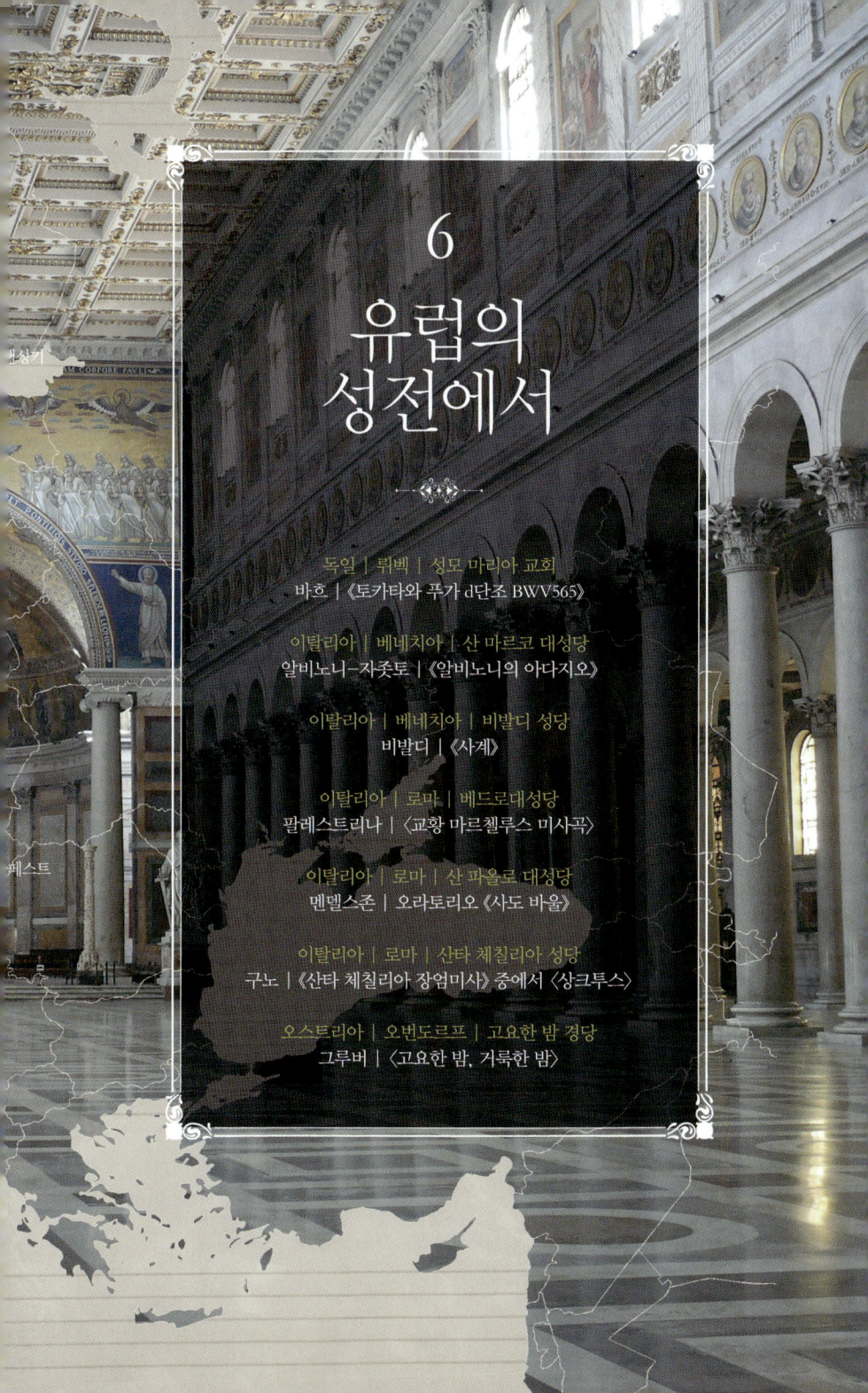

6
유럽의 성전에서

독일 | 뤼벡 | 성모 마리아 교회
바흐 | 《토카타와 푸가 d단조 BWV565》

이탈리아 | 베네치아 | 산 마르코 대성당
알비노니-자콧토 | 《알비노니의 아다지오》

이탈리아 | 베네치아 | 비발디 성당
비발디 | 《사계》

이탈리아 | 로마 | 베드로대성당
팔레스트리나 | 《교황 마르첼루스 미사곡》

이탈리아 | 로마 | 산 파올로 대성당
멘델스존 | 오라토리오 《사도 바울》

이탈리아 | 로마 | 산타 체칠리아 성당
구노 | 《산타 체칠리아 장엄미사》 중에서 〈상크투스〉

오스트리아 | 오번도르프 | 고요한 밤 경당
그루버 | 〈고요한 밤, 거룩한 밤〉

■ 독일 | 뤼벡 | 성모 마리아 교회
,, 바흐(1685 – 1750) | 《토카타와 푸가 d단조 BWV 565》

발트해로 울려 퍼지는
웅장한 오르간 음향

북부 독일의 대도시 함부르크에서 기차로 한 시간 만에 뤼벡 역에 도착했다. 함부르크 역에 비해 뤼벡 역은 마치 다른 시간이 흐르는 듯 다소 시골티가 난다.

먼저 역 구내에 있는 관광안내소에 들렀다. 뤼벡 시내지도를 한 장 얻으려고 하는데 무료가 아니라고 한다. 유럽 웬만한 도시에서 시내 관광지도 정도는 그냥 주는데 웬일인가 싶다. 뤼벡이라면 한때 서유럽과 스칸디나비아 및 러시아를 중계하던 발트 해의 항구로 크게 번영했던 한자동맹의 맹주 도시가 아니었던가? 또 소설가 토마스 만 Thomas Mann 이 태어나 어린 시절을 보낸 도시가 아닌가? 역사와 문화를 자랑하는 뤼벡이 멀리서 찾아온 손님에게 박하다 싶다.

성모 마리아 교회의 첨탑

홀스텐 성문. 그 너머 왼쪽에 성모 마리아 교회의 첨탑이 보인다.

나는 관광안내소 여직원에게 그 지도 잠깐 한번 봅시다 하고는 쭉 훑어 봤는데 크기도 작고 지도에 담긴 정보도 다소 빈약해 보였다. 그래서 예의상 "당케! Danke!"하고 그냥 돌려주었다. 창구의 금발 아가씨는 의아하다는 표정을 지으면서 말했다.

"뤼벡을 처음 방문하는 것이라면 이 지도가 꼭 필요할 텐데요?"

"그럴 필요는 없을 것 같네요. 지도는 이미 머릿속에 다 넣었답니다."

아가씨는 눈이 휘둥그레졌다. 그녀는 지도에 손만 댔다가 도망치듯 나가는 나를 보고 무슨 생각을 했을까?

현재의 뤼벡은 인구 20여 만의 소도시로 운하로 둘러져 있는 구시가지는 걸어서 다닐 수 있을 정도로 작으며 구시가에서는 유서 깊은 성모 마리아 교회나 성 야콥 교회의 높은 종탑은 시내 어디에서나 잘 보이기 때문에 굳이 지도는 필요하지 않았던 것이다.

바흐의 오르간 음악에 취하다

역을 나와서는 택시를 잡을 필요도 없고 버스를 탈 필요도 없다. 이 정도로 아담한 크기의 도시라면 두 발로 걷는 것이 훨씬 낫다. 나는 먼저 한자동맹의 역사를 간직하고 있는 홀슈텐 성문을 거쳐 시내 중심부로 향했다. 성문 뒤로는 하늘을 찌르는 듯한 첨탑이 보인다. 오로지 별을 따라 간 동방박사들처럼 첨탑이 있는 곳으로 걸어갔다. 이곳이 바로 성모 마리아 교회 St. Marien-Kirche 다. 1250년에 시작하여 1350년까지 100년에 걸쳐 건축된 이 교회는 북부 독일을 대표하는 고딕건축으로 손꼽힌다. 그런데 이 교회를 비롯하여 뤼벡에서 보이는 시청사를 비롯한 웬만한 옛 건물들은 온통 벽돌로 세워졌다. 이것은 이 지역에 석재가 매우 적었다는 사실을 말해준다. 아무튼 옛날 사람들이 쌓아올린 벽돌은 마치 신의 손길이 깃든 것처럼 놀랍고 정교하다.

성모 마리아 교회 안에 들어선다. 내부에 들어서자마자 나의 시선은 먼저 높고 높은 천정으로 향한다. 그런데 교회 안에는 누가 오르간을 점검하는지 아니면 오르간 연습을 하는지 모르지만, 북스테후데의 오르간 곡이 장중하게 몇 마디 울리다가는 끊어지고 다시 울리다가는 또 다른 곡으로 바뀌곤 한다. 몇 차례 뜸을 들이는 듯하더니 이번에는 귀에 아주 익숙한 음악이 팡파르처럼 울려 퍼져 나온다. 다름 아닌 바흐의 〈토카타와 푸가 d단조 BWV 565〉이다.

이 곡은 마치 거대한 폭포수가 높은 산 위에서 흘러내려오듯 격정적으로 울리면서 교회의 내부 공간 구석구석 가득 채우기 시작한다. 오르간의 저음이 마치 땅속 깊은 곳에서 솟아올라 지축을 박차고 포효하듯 순차적으로 장대한 아르페지오가 서서히 상승하며 공중에 떠서 울리다가는 묘한 음향을 남기고 사라지자 이어서 셋잇단음표 음이 폭풍우처럼 빠르게 휘몰아친다. 그리고는 급속한 음계와 펼친 화음이 교차하더니 처음의 셋잇단음표 음이 다시 나오고, 저음 선율이 레치타티보처럼 울린 다음 일단 대단원의 막을 내린다. 그리고 즉시 푸가의 부분이 냇물처럼 조용히 흘러나오는데 이 냇물은 다시 끝없이 펼쳐진 바다로 흘러들어가는 듯하다.

바흐의 오르간 작품 중에서 가장 널리 알려진 이 곡에서는 북스테후데의 작곡기법이 강하게 느껴지기도 한다. 하지만 북스

벽돌건물의 뤼벡 시청사가 있는 거리

테후데의 음악에 비하면 감정의 기복이 크고 더욱더 격렬하게 교차하는 것 같고 또 형식에 크게 구애되지 않는 자유분방함이 더 느껴진다. 그러니까 바흐의 젊은 시절의 혈기가 물씬 느껴지는 음악이라고나 할까.

울리지 않는 종소리

환상적인 오르간의 울림이 끝난 다음, 높은 천정에 고정되어 있던 나의 시선이 아래로 향한다. 그리고는 바닥에 떨어진 채로 보존된 부서진 종에 멈춘다. 더 이상 울리지 않는 이 종은 지난날의 비극을 오히려 더 생생하게 상기시키는 듯하다. 1942년 3월 29일 부활절을 1주일 앞둔 종려주일. 예수 그리스도가 예루살렘에 입성할 때 군중들이 종려나무 가지로 흔들며 그를 환영했던 일을 기념하는 주일이었다. 하지만 그날 밤 뤼벡은 마치 최후의 심판을 받아 지옥 불에 던져진 것처럼 폭탄세례를 받았다. 연합군의 무차별 폭격으로 인하여 시가지의 1/5이 잿더미로 변하고 말았는데, 성모 마리아 교회도 하룻밤 사이에 골격만 앙상하게 남긴 폐허로 변했고 유서 깊은 오르간도 불타 없어지고 말았다. 다만 부서진 종은 지금도 그날을 기억하는 듯 아무런 울림 없이 그대로 보존되어 있다. 이 교회는 전쟁의 참화를 증거하는 곳이기도 하다.

전쟁이 끝난 후 교회는 다시 복구되었고 소실된 오르간 대신에 지금은 1968년에 제작된 대형 파이프오르간이 있는데, 1만 개의 파이프와 음색을 조절하는 스톱이 101개나 달려 있고 가장 긴 파이프는 11미터나 된다. 조금 전 나를 매료시켰던 바흐의 〈토카타와 푸가 D단조 BWV 565〉는 바로 저 거대한 오르간에서 나오는 소리였다. 대형 오르간이 있는 성모 마리아 교회는 예로부터 북부 독일 프로테스탄트 음악의 요람이었다. 옛날 이곳에는 유명한 오르간이 두 대 있었는데, 이 교회의 오르간 주자 자리는 북부 독일에서 음악가라면 누구나 한 번쯤 꿈꾸던 자

성모 마리아 교회의 내부. 거대한 오르간이 보인다.

유럽의 성전에서

리였다. 지금으로 치면 세계적인 교향악단의 지휘자 자리나 다름없었던 것이다.

행운의 음악가 북스테후데

1668년에서 1707년 사이 모든 독일 음악가들이 꼭 한 번 듣고 싶어 했던 대가가 이 교회에 봉직하고 있었다. 디트리히 북스테후데Dietrich Buxtehude. 그는 오르간 음악에 있어서 내면의 정서를 환상적으로 표현한 작품을 쓴 음악가로, 덴마크의 소도시 헬싱외어에서 1637년에 출생했다고 전해진다. '북스테후데'는 함부르크 근교의 지명이니 그의 조상은 북부 독일 사람이었던 모양이다. 그는 31세가 되던 해인 1668년에 덴마크에서 뤼벡으로 건너와 성모 마리아 교회의 오르간 주자가 되었다. 그런데 이 교회의 오르간 주자 자리를 맡으려면 전임자의 딸과 결혼해야 하는 조건이 붙어 있었다. 그의 전임자 프란츠 툰더는 딸이 여럿 있었기 때문에 선택의 여지가 많았으니 북스테후데는 여복이 많았던 것 같다. 그는 툰더의 딸 중에서 가장 미모가 뛰어난 막내딸과 1668년에 결혼하고 오르간 주자가 되었다.

한편 전임자 툰더는 1646년부터 교회에서 '저녁 음악회Abendmusiken'라고 하는 연주회를 목요일마다 개최했는데, 북스테후데는 이것을 크리스마스 전 다섯 번째 일요일 오후로 바꾸고

1673년부터는 대규모 행사로 확대했다. 그것은 오르간 주자의 봉급이 그리 많지 않았기 때문에 부수입을 올리기 위한 방편이기도 했다. 그런데 당시 이 음악회의 수준이 매우 높았기 때문에 독일 각지에서 이것을 한번 보려고 음악가들이 대거 몰려왔다.

300킬로미터 이상을 걸어온 바흐

1705년의 일이다. 이 음악회를 한번 보러 멀리 튀링엔 지방에서 자그마치 300킬로미터가 넘는 머나먼 길을 두 발로 걸어 찾아온 20세의 젊은 음악가가 있었다. 그의 이름은 요한 제바스티안 바흐 Johann Sebastian Bach. 당시 그는 튀링엔 지방의 소도시 아른슈타트 Arnstadt의 교회에서 오르간 주자로 봉직하고 있으면서 먼 친척이 되는 마리아 바르바라와 사랑에 빠져 있었다. 이 두 사람은 비슷한 나이였고 모두 고아로 자라서 애정에 굶주려 있었는데 그들을 이어준 것은 음악이었다. 두 사람은 친척 간이었지만 결혼에 장애가 될 정도로 근친은 아니었다.

바흐는 1705년 10월 아른슈타트에서 4주 휴가를 내서 북부 독일에서 가장 유명한 오르가니스트의 연주를 듣기 위해 뤼벡에 온 것이다. 뤼벡의 대가에 대해 그의 스승 뵘으로부터 이미 얘기를 들었고, 뵘 자신도 북스테후데의 영향을 받은 사람이었기 때문에 뤼벡을 한번 방문하는 것은 바흐로서는 그야말로 오

뤼벡 시의 스카이라인을 뚫고 나온 성모 마리아 교회

랜 소원을 푸는 것이었다.

그는 북스테후데가 지휘하는 음악회에 맞추어 일찌감치 출발했다. 마침내 이곳에 도착한 그는 성모 마리아 교회에서 합창을 반주하는 40명의 음악가들이 연주에 완전히 매료되었다. 그 때문에 4주일이 지났어도 아른슈타트로 돌아가지 않았고 교회 윗사람뿐만 아니라 사랑하는 바르바라에게도 편지 한 장 쓰지 않았다. 그것은 북스테후데의 양식을 속속들이 파헤치느라 정신이 없었기 때문이었다.

바흐는 북스테후데로부터 상당한 주목을 받았는데, 이 뤼벡의 대가는 그에게 자기의 후임이 되지 않겠느냐는 제의를 할 정도였다. 그런데 관례에 따라 그의 외동딸과 결혼해야 한다는 '고약한' 조건이 걸려 있었다. 북스테후데의 딸은 바흐보다 10세 연상인 30세인데다가 당시 기준으로는 완전히 한물간 노처녀였고 게다가 여성적 매력이라곤 전혀 없었다고 하니…… 바흐는 북스테후데에게 아마 다른 핑계를 대고 후임 자리를 사양했던 모양이다. 그러니까 그는 마리아 바르바라에 대한 사랑의 언약도 지킨 셈이었다.

바흐는 북스테후데의 음악에 빠져 무단결근도 아랑곳하지 않고 4주가 아니라 자그마치 4개월이나 뤼벡에서 머무른 다음에 아른슈타트로 발걸음을 되돌렸다. 그의 앞에는 머나먼 길이 다시 펼쳐져 있었다. 하지만 발걸음은 이전보다 훨씬 가벼웠다. 그것은 무엇보다도 먼저 사랑하는 마리아 바르바라가 자기를 기다리고 있다는 생각도 있었겠지만 북스테후데의 작곡기법을 터득한 만족감이 더욱 그를 우쭐하게 했기 때문이었을 것이다. 사실 바흐는 북스테후데 작품을 반 이상 베껴갔다. 그의 불후의 오르간 명곡 〈토카타와 푸가 d단조 BWV 565〉는 바로 이 성모 마리아 교회에서 북스테후데를 만난 다음 얼마 후에 작곡된 것이다.

끝내 서로 만나지 못한 바흐와 헨델

'토카타'와 '푸가'는 이탈리아 음악용어다. 토카타 toccata: 정확한 발음은 '톡카타'의 원래 뜻은 '건드리기'인데 음악에서는 '(건반을 손가락으로) 치는 것'을 뜻한다. 이에 해당하는 영어는 touch이다. 한편 푸가 fuga는 '도주'란 뜻이다. 음악에서 푸가는 한 선율을 다른 선율들이 일정한 간격을 두고 따라가는 형식을 말한다. 즉 마치 앞의 선율이 추격을 받아 도주하는 듯하다고 해서 붙여진 용어이다. '토카타와 푸가'는 문자대로 해석하면 '건드리고 도주하기'다. '건드리고 튀기'가 되니 '건튀'라고나 할까.

  그러고 보니 성모 마리아 교회와 관련된 인물 중에 또 한 사람의 대음악가를 언급하지 않을 수 없다. 바로 게오르크 헨델. 바로크 시대의 대음악가 바흐와 헨델은 1685년 같은 해에 한 달 차이로 태어났고 두 사람의 출생지도 서로 그리 멀지 않은 아이

뤼벡 시가지. 뤼벡은 독일 소설가 토마스 만의 고향이기도 하다.

제나흐 Eisenach 와 할레 Halle 다. 하지만 이 두 사람은 마치 궤도가 다른 행성처럼 평생 한 번도 만난 적이 없다. 그럼 두 사람이 평생 동안 돌아다녔던 궤적을 짚어봤을 때 두 사람이 가장 가까이 근접했던 지점은 어디였을까? 바로 이 성모 마리아 교회가 아니었을까? 바흐와 헨델은 혈기 왕성한 청년시절에 성모 마리아 교회를 찾아왔다. 하지만 이곳에서도 두 사람은 서로 만날 운명이 아니었던 모양이다. 당시 함부르크에서 활동하던 젊은 헨델은 북스테후데의 음악회를 보려고 이곳을 다녀갔는데 바흐가 오기 꼭 1년 전의 일이었다. 이거야말로 운명의 장난이 아닌가?

헨델은 이 교회의 오르가니스트 자리를 은근히 물려받고 싶어서 이곳에 왔었다. 하지만 북스테후데의 딸과 결혼해야 한다는 계약서를 읽고는 그만 기겁을 하고 줄행랑을 치고 말았다. 그야말로 문자 그대로 '토카타와 푸가', 즉 '걷튀'였던 것이다. §

■ 이탈리아 | 베네치아 | 산 마르코 대성당
🎵 알비노니(1671-1751)-자좃토(1910-1998) | 〈알비노니의 아다지오〉

화려한 대성당에서
우아한 슬픔을……

이탈리아의 북동쪽. 육지에서 베네치아를 연결하는 기나긴 다리를 지나면 산타루치아 역에 도착한다. 역에서 내려 밖으로 나오니 눈부신 햇빛이 대운하 Canal Grande 위에 쏟아진다. 역 앞 광장에는 택시 타는 곳을 가리키는 푯말이 보인다. 이곳에서 말하는 '택시'는 조그만 모터보트이고, '시내버스'는 중형 버스보다 조금 작은 배인데 이곳에서는 '작은 증기선'이란 뜻으로 바포렛토 vaporetto 라고 부른다. 베네치아의 교통수단은 모두 배라서 자동차는 한 대도 없다.

역 근처에서 바포렛토를 타고 대운하를 따라 베네치아의 심장부 산 마르코 광장으로 향한다. 대운하 양쪽에 늘어선 창과 주랑으로 확 트인 우아하고 밝은 집들은 물 위에 둥실 떠 있

산 마르코 대성당 전면 정상에 세워진 산 마르코의 석상.
그 아래에 날개 달린 금빛 사자상이 보인다.

는 듯하다.

　신이 하늘과 바다가 만나는 곳에 내려놓은 듯한 베네치아는 환상과 실제가 잘 구분이 되지 않는다. 이런 환경에서 탄생한 베네치아의 예술은 다른 도시의 예술과는 확연히 다를 수밖에 없었으리라.

베네치아의 심장, 산 마르코 광장

바포렛토에서 내려 산 마르코 광장에 들어서면서 먼저 바다에 면해 있는 팔랏쪼 두칼레 Palazzo Ducale 와 마주친다. 참고로 팔랏쪼 palazzo 는 '궁전', '큰 건물'이란 뜻이고 두칼레는 '두카 duca 의' 라는 형용사인데 두카는 '영도자' 란 뜻이다. 따라서 팔랏쪼 두칼레를 '두칼레 궁전'이라고 번역하는 것보다는 베네치아에서 두카를 도제 doge 라고 했으니 이 궁전을 '도제 궁'이라고 하는 것이 좋겠다.

　이슬람 양식이 가미된 고딕풍의 이 거대한 궁전은 옛날 베네치아 공화국의 최고 통치자 도제 doge 들의 집무실 및 관저 겸 정청 政廳 이었는데, 당시 유럽의 다른 도시에 세워진 방어적인 정청들과는 달리 매우 개방적이다. 이 궁전의 아랫부분에는 잔잔히 펼쳐지는 리듬처럼 반복되는 기둥과 창틀이 있어 육중한 윗부분을 받쳐주고 있고 윗부분의 벽면은 연한 장밋빛과 흰 대리석을 교차시킨 모자이크처럼 처리되어 있어서 실제로는 딱딱하

대운하에서 산 마르코 광장으로 들어가는 입구.
도제 궁이 바다에 면해 있다.

고 무거운 돌벽인데도 마치 부드러운 융단을 두른 듯한 느낌을 준다. 멀리서 보면 이 육중한 궁전은 마치 공중에 가볍게 떠 있는 것처럼 보인다.

 광장에는 밝은 햇살이 가득하고 카페의 악사들이 연주하는 비발디의 밝은 선율이 바다 바람결에 흩날린다. 산 마르코 광장은 16~17세기에 걸쳐 증축과 개축을 거듭하면서 오랜 기간에 걸쳐 형성되어 왔는데도 불구하고 광장을 둘러싸고 있는 건물들은 시대와 양식이 달라도 서로 절묘하게 조화를 이룬다.

산 마르코 대성당 내부 공간의 묘한 음향 효과

광장에서는 먼저 산 마르코 대성당에 눈길이 집중된다. 대성당은 마치 동화 속에 나올 듯한 모습을 한 이국적인 분위기가 흠뻑 느껴지고 다섯 개의 돔은 마치 풍선처럼 축제의 분위기를 자아내는 듯하다. 산 마르코San Marco는 신약성경의 마가복음의 저자 성^聖 마가의 이탈리아어식 표기이다. 산 마르코의 상징은 날개 달린 사자이니, 날개 달린 사자상은 곧 베네치아의 상징인 것이다.

화려한 대성당이 세워지기 전의 이 자리에는 두 상인이 이집트 알렉산드리아에서 몰래 빼돌린 성 마르코의 유해를 보존하기 위하여 828년에 세운 수수한 성당이 있었다. 976년 이 성당이 불에 타 무너지자 1063년 베네치아 공화국 정부는 이참에 베네치아의 부귀영화를 만방에 보여줄 만한 대성당을 짓기로 했다. 이리하여 착공한 지 30년이 지난 1094년에 산 마르코 대성당이 그 웅장하고 화려한 모습을 드러내게 되었다.

산 마르코 대성당은 예로부터 베네치아의 정치와 종교 그리고 문화의 심장부로서 베네치아의 주요 행사가 치러지는 곳이었다. 베네치아 공화국은 국가 차원에서 산 마르코 대성당의 음악을 감독했으며, 국가는 수준 높은 음악의 전통을 지켜 나가기 위해 어떠한 지원도 아끼지 않았다. 그러니 산 마르코 대성당의 음악감독이나 오르간 주자, 또는 오케스트라 주자 자리는 당시 이탈리아뿐만 아니라 전 유럽에서 가장 선망하는 지위가 되었다.

베네치아 음악 역사에 새 장을 연 장본인은 플랑드르 출신의 아드리안 빌라르트 Adrian Willaert 다. 1527년에 산 마르코 대성당 음악감독으로 초빙된 그는 환상적인 베네치아의 풍광과 대성당에 완전히 매료되었다. 특히 대성당과 같은 돔의 배열을 가진 내부 공간에서는 울림이 좋은 음향 효과를 얻을 수 있다는 것도 알아냈다. 그의 옛 작품들은 대부분 플랑드르에서 흔히 보던 정교한 고딕 건축처럼 선율들이 정교하게 엇갈리면서 진행되는 것이 특징이었다. 베네치아에 발을 디디고 난 후부터 그의 음악은 변신하기 시작했다. 작곡기법에는 풍부한 화성 효과가 많이 도입되었으며, 음색의 대비, 음향의 대응 효과 등도 과감하게 시도되었다. 그의 감각은 그의 제자인 안드레아 가브리엘리 Andrea Gabrieli 와 그의 조카 조반니 가브리엘리 Giovanni Gabrieli 에게 그대로 전수되어 산 마르코 대성당의 미사나 축일을 위해 작곡할 때는 성당 내부의 음향 효과도 항상 염두에 두었다.

아드리안 빌라르트와 그의 제자들은 이곳에서 '분리된 합창 cori spezzati'이라는 형식을 시도했다. 즉 좌우 양쪽 돔 아래에 멀리 떨어져 있는 두 개의 합창석과 두 대의 오르간의 선율이 함께 울려 퍼지는 음향의 대응 효과를 시도했던 것이다. 그래서 금빛 모자이크로 화려하게 장식된 비잔틴 양식의 이 성당 안에서 음악을 듣노라면 음 하나 하나가 금빛으로 울리고 음 하나 하나가

베네치아의 중심 산 마르코 광장과 산 마르코 대성당

은빛으로 대답하는 듯한 환상에 빠지게 된다.

베네치아 악파의 전통은 산 마르코 대성당을 중심으로 발전하게 되었다. 후세에 등장하는 알비노니, 비발디 같은 베네치아의 음악가들은 이러한 음악적 토양 위에서 등장했던 것이다.

해상 공화국 베네치아의 흥망

세상에서 가장 아름답고 가장 특이한 이 도시는 언제 세워진 것일까? 베네치아의 기원은 까마득한 옛날로 거슬러 올라간다. 5세기 초 유럽을 공포에 몰아넣던 훈족이 이탈리아를 침범하자 육지에서 피신해 온 난민들이 이 갯벌 섬에 정착함으로써 베네치아의 역사는 시작되었다.

그 후 베네치아는 십자군 전쟁 때 호황을 누리다가 14세기에는 강력한 라이벌인 제노바를 굴복시키고 북부 이탈리아, 지중해 동남부의 섬들, 그리스, 소아시아까지 세력을 확장했으며 15세기에 접어들어서는 지중해 동부를 완전히 장악하는 강대한 해상 공화국으로 군림했다. 그러나 15세기 중반에 동지중해 교역의 거점이던 콘스탄티노폴리스가 오스만 투르크 세력에 의해 함락되고, 이어서 15세기 후반에 아메리카 대륙이 발견되어 해상권의 중심이 대서양으로 넘어가자 수 세기 동안 베네치아가 누렸던 부귀영화는 그 빛이 바래기 시작했다. 국운은 기울어 갔

금빛 모자이크로 덮힌 산 마르코 대성당의 내부 | 종탑에서 내려다본 산 마르코 성당의 쿠폴라

지만 베네치아는 마치 자신의 슬픈 운명을 비웃듯 18세기 말에 이르기까지 음악, 미술, 연극, 출판 등 문화 전 분야에 걸쳐 황금기를 누렸다.

그러다가 프랑스혁명의 여파가 유럽 전역으로 퍼져 나갈 때 베네치아는 강대국 오스트리아와 프랑스 사이에서 눈치만 보다가 마침내 1797년에 나폴레옹에게 무릎을 꿇고 말았다. 이리하여 1000년 넘게 지속된 베네치아 공화국은 역사의 무대에서 완전히 사라지고 한낱 일개 도시로 전락하고 말았던 것이다.

바이런이 쓴 시의 한 구절이 생각난다. 〈차일드 해럴드의 순례여행〉 제4장의 '나는 베네치아에 섰다. 탄식의 다리 위에서' 는 폐허의 나락으로 떨어진 베네치아의 운명을 탄식하는 소리였으리라. 그가 베네치아에 첫발을 디딘 것은 1816년 늦가을. 그러니까 산 마르코 광장에 우뚝 세워진 날개달린 사자상의 의미는 이미 완전히 퇴색해져 있던 때였다. 그는 영광스러운 날보다 우울한 날의 베네치아에 마음이 더 끌렸던 것일까.

알비노니도 모르는 〈알비노니의 아다지오〉

어둠이 아직 걷히지 않은 새벽에 텅 빈 산 마르코 광장을 거닐며 바이런의 시를 다시 읊조려 본다. 산 마르코 대성당의 화려한 모습 속에도 우수가 깔려 있다. 새벽 바다에서는 갈매기 울음소리가 들려오고 내 마음속에서는 〈알비노니의 아다지오〉가 들려온다. 대성당 안에서 울려나오는 듯한 오르간 소리가 엄숙하고 거룩한 분위기를 이끌어 가면서 그 위에 우아한 슬픔을 머금은 현악 선율이 얹혀 흐른다. 이 곡만큼 베네치아의 우수에 젖은 낭만적 분위기를 전해주는 음악도 없을 것 같다. 그런데 알비노니는 어떤 음악가였을까?

토마조 알비노니 Tomaso Albinoni 는 1671년에 베네치아에서 태어났으니까 비발디보다 7살 위고 바흐보다는 15살 위다. 그는 산 마르코 대성당의 음악감독과 절친한 관계였지만 큰 성당의 음악

광장에 고인 물 위에 반사된 산 마르코 대성당의 전면

감독 자리에는 별로 관심이 없었다. 그는 제지업을 하던 부유한 상인 집안 출신으로 경제적 여유가 있었기 때문에 다른 음악가들처럼 성당이나 궁정이나 귀족의 집에서 고정된 직위를 얻으려고 애쓸 필요도 없었다. 남의 간섭 없이 오로지 자기가 하고 싶은 작품만을 쓴 '행복한 아마추어' 음악가였던 것이다. 그는 80개 이상의 오페라와 40개의 칸타타, 79개의 소나타 등 다작의 작곡가로도 알려져 있는데, 특히 그가 쓴 기악곡의 일부는 바흐가 차용하기도 했다.

알비노니하면 가장 먼저 떠오르는 곡은 단연 〈오르간과 현을 위한 G단조의 아다지오〉, 간단히 〈알비노니의 아다지오〉다. 그런데 알비노니가 만약 살아서 이 곡을 듣는다면 의아하게 여길 것이다. 왜냐하면 그는 이 곡을 작곡한 적이 없기 때문이다. 어떻게 된 일일까?

〈알비노니의 아다지오〉 뒤에 숨은 수수께끼 인물

알비노니에 대한 기록은 그리 많지 않다. 그의 생애와 작품에 대해 평생을 바쳐 연구하던 레모 자좃토Remo Giazotto라는 음악학자가 로마에 있었다. 제2차 세계대전이 끝난 1945년 어느 날 독일 드레스덴의 작센주립도서관은 알비노니의 자필악보 하나를 그에게 보내어 감정을 의뢰했다(드레스덴은 전쟁 말기에 연합군의 집중폭격으로 시가지가 완전히 파괴되었고 그 와중에 주립도서관에 보관되어 있던 희귀한 알비노니의 악보들도 많이 소실되었다).

 이 악보 조각에는 오로지 몇 박자의 음표와 저음 선율이 전부였다. 이것을 연구한 그는 이 악보가 알비노니가 1708년경에 쓴 교회용 트리오 소나타의 일부분이라고 결론지었다. 그리고 이 '파편'을 가지고 완전히 새로운 곡을 하나 만들어 냈는데, 이것이 바로 〈현과 오르간을 위한 아다지오 G단조〉, 즉 〈알비노니의 아다지오〉다. 이 작품은 알비노니 곡을 편곡한 것이라고 그는 말했지만 바로크 음악 연구자들은 알비노니의 이름을 도용한 전혀 관계없는 다른 곡이라고 폄하했다. 사실 이 곡은 자솟 토가 쓴 20세기 작품이지 알비노니의 바로크 음악을 재현한 것은 아니다. 어쨌든 〈알비노니의 아다지오〉는 마음을 뭉클하게 하는 매력이 넘치는 곡이다.

만약 알비노니가 이 곡을 듣는다면 자솟토의 비범한 능력을 인정하고 자기의 이름을 널리 알려 준 그에게 크게 감사할지도 모르겠다. 비록 자솟토가 '알비노니'라는 브랜드를 본인의 허락도 없이 무단 사용하여 엄청난 저작권료를 혼자 챙겼어도 말이다. §

■ 이탈리아 | 베네치아 | 비발디 성당
> 비발디(1678-1741) | 《사계》

아드리아 해에 녹아든 밝고 찬란한 선율

산 마르코 광장에서 도제 궁 Palazzo Ducale을 끼고 스키아보니 해변으로 향한다. 다리를 세 개 건너가면 규모가 크지 않은 하얀 대리석의 성당이 눈에 띈다. 성당 앞에는 바포렛토 정거장이 있다. 바포렛토가 들어오고 나갈 때마다 그 옆에 있는 곤돌라들은 출렁이는 파도를 타고 넘실거린다. 출렁이는 아드리아 해의 파도에 반사된 햇빛은 이 성당의 정면에 아른거린다. 이 성당의 이름은 키에자 델라 피에타 Chiesa della Pietà 인데, '피에타'는 '자비'라는 뜻이니 우리말로는 '자비의 성당'이라고 하겠다. 그러고 보니 성당의 정문 위 커다란 벽면에는 아이들을 보살피는 성모 마리아의 자비스러운 모습을 묘사한 부조가 눈에 띈다.

베네치아는 연중 관광객들이 넘치는 곳이고 워낙 볼거리가

비발디 성당의 정면. 이 성당은 베네치아의 건축가 마사리가 설계한 것으로, 만년의 비발디가 실내음향에 대해 조언을 했다고 전해진다.

많다 보니 이 성당을 찾는 사람들은 그리 많지 않은 것 같다. 게다가 점심시간이라서 그런지 성당 입구에는 아무도 없었다. 이 성당은 '자비의 성당'이라는 공식 명칭보다는 보통 '비발디 성당 Chiesa di Vivaldi'으로 더 많이 알려져 있다. 그래서인지 성당 입구에는 비발디 음악회를 알리는 프로그램들이 여기저기 붙어 있다.

성당 안에 들어가려고 안쪽 문을 살며시 열었다. 문을 열자마자 마치 나를 놀라게라도 하려는 듯 바이올린 소리가 나의 귓전에 확 울려왔다. 텅 빈 성당 안에는 음악회 리허설을 하는 듯, 한 아가씨가 제단 앞에 혼자 앉아서 비발디의 《사계》 중 〈봄〉 1악장 중에 나오는 바이올린 독주 부분을 열심히 연습하고 있었다. 내가 뒷자리에 앉아서 연주 모습을 뚫어지게 쳐다봐도 그녀는 눈길 한번 주지 않고 연습에만 몰두하고 있었다.

성당의 아담한 내부를 둘러봤다. 천장에는 베네치아 출신의 화가 티에폴로 G. Tiepolo가 그린 천장화가 있는데, 하늘로부터 승리의 면류관을 받는 예수 그리스도와 그 주위에서 예수를 우러러보며 여러 가지 악기들을 연주하고 있는 아기 천사들의 모습이 그려져 있다. 이 그림은 타원형 테두리 안에 담겨져 있다. 그러고 보니 이 성당의 실내 평면은 타원형이다. 그래서인지 내가 건물 안이 아니라 커다란 악기의 울림통 안에 들어온 것 같은 느낌이 든다. 바이올린 소리는 실내공간에 구석구석에 공명되어 묘하게 들려온다. 비발디 성당에서 비발디 음악을 듣는다는 감

악기의 울림통 같은 성당 내부.
천장에는 티에폴로의 그림이 보인다.

유럽의 성전에서

흥 때문이었을까? 같은 음악이라도 어떤 환경과 분위기에서 들
느냐에 따라 그 감흥이 달라진다.

바이올린 연습에 몰두하고 있는 소녀를 보면서 옛날에 비
발디가 가르치던 소녀들의 모습을 떠올려 보았다.

비발디와 고아 소녀들

안토니오 루치오 비발디 Atonio Lucio Vivaldi 는 바흐보다 7년 전인 1678
년에 베네치아의 밝은 빛을 받고 태어났다. 그는 어렸을 때부터
바이올린 연주 실력이 뛰어나 산 마르코 성당에서 바이올린을
연주하던 아버지와 함께 연주하기도 했는데, 이 '부자 듀엣'은
당시 '베네치아의 관광상품'으로 여겨질 정도로 관광객들의 주
목을 받았다.

성인이 된 비발디는 25세가 되던 1703년에 신부가 되었고
그 해 9월에 오스페달레 델라 피에타에서 바이올린과 비올라를
가르치게 되었다. 오스페달레 ospedale 에 해당하는 영어는 hospital
이지만, 여기서는 '병원'이란 뜻이 아니라 '양육원', '자선시설',
'자선학교'를 의미한다. 당시 베네치아에는 귀족들의 불륜으로
인해 태어난 아이들이 많았는데 오스페달레 델라 피에타는 이
들이 버린 소녀들을 맡아서 양육하던 고아원이었다. 이곳에서
는 어린 고아 소녀들에게 음악을 전문적으로 가르쳤다. 수준 높

은 음악교육 덕분에 오케스트라도 무척 뛰어났으며 특히 비발디가 지휘하는 소녀 오케스트라는 그 명성이 전 유럽에 퍼져서 그 연주를 듣기 위해 베네치아를 찾는 사람들도 적지 않았다.

그런데 이 성당은 엄밀하게 따지고 보면 비발디와는 별 관계가 없다. 1733년 베네치아 공화국정부의 위임을 받은 건축가 맛사리 G. Massari 는 오스페달레 델라 피에타 옆에 새로운 성당을 착공하고 1760년에 완공했다. 그때 비발디는 이미 세상을 떠난 몸이었으니 이 성당이 세워진 것을 보지 못했다. 이 성당과 비발디와의 관계를 굳이 찾아본다면 그가 유럽을 돌다가 말년에 베네치아에 잠깐 되돌아왔을 때 건축가 맛사리에게 성당의 내부 음향에 관해 많은 조언을 하지 않았을까 추측되는 정도다.

세월이 지나면서 비발디가 소녀들을 가르쳤던 오스페달레는 없어지고 지금은 그 자리에 '메트로폴'이라는 호텔이 들어서 있다.

20세기 초에 발굴된 《사계》

비발디의 음악은 솔직하고 단순한 리듬과 밝은 색감을 띤 선율로 사람들의 귀와 마음을 휘어잡는다. 그의 작품 중에서 가장 사랑받는 음악은 단연 《사계》이다. 《사계》는 모두 12개의 협주곡으로 이루어진 〈화성과 창의에의 시도 Op. 8〉의 첫 번째에서 네 번째

곤돌라가 정박한 부두에서 본 스키아보니 해안. 비발디 성당이 보인다.

까지의 협주곡인데 이 네 개의 협주곡은 모두 빠름-느림-빠름의 세 악장으로 구성되어 있고, 봄, 여름, 가을, 겨울이라는 테마에 맞게 독주 바이올린을 중심으로 음악이 펼쳐진다.

《사계》는 그의 다른 작품이나 당시 다른 음악가들의 작품과 비교하면 매우 독특한 곡이다. 무엇보다 먼저 음악으로 쓴 시 같은 특징이 있다. 각 협주곡마다 계절을 묘사하는 짤막한 소네트가 붙어 있으니까 음악을 듣기만 해도 계절의 풍경이 떠오르는 듯하다. 이 글은 작곡을 위한 메모일 수도 있고 계절의 내용을 묘사하려는 의도일 수도 있다. 그중 특히 〈봄〉의 1악장 알레그로는 대단히 섬세한 묘사 음악이다.

비발디는 셀 수 없을 정도로 많은 곡을 썼지만 죽은 다음에는 완전히 잊혀졌기 때문에 수많은 그의 악보들은 분실되거나 두터운 먼지 속에 묻혀버렸다. 그러다가 그의 악보들 상당수가 1926년 우연한 기회에 발견되었다. 그 이래로 그의 생애와 작품이 비로소 서서히 연구되기 시작했고, 1960년대에는 특히 《사계》가 전 세계 음악팬들을 사로잡기 시작했다. 한때 베네치아와 전 유럽에 울려 퍼졌다가 오랜 망각 속에 묻혀 버렸던 그의 음악은 거의 200여 년 만에 다시 밝은 빛을 발하기 시작했던 것이다. 그러고 보니 그의 세례명 루치오Lucio가 '빛'을 의미한다는 사실이 새삼스럽게 느껴진다.

비발디 성당과 메트로폴 호텔. 이 호텔은 비발디가 몸담고 있던 오스페달레가 있던 자리에 세워진 것이다.

베네치아 풍경과는 무관한 《사계》

우리는 《사계》를 들을 때마다 밝고 찬란한 베네치아의 풍경을 연상하게 된다. 그런데 이 곡이 과연 베네치아의 풍경을 묘사한 것일까? 좀 실망스럽지만, 아니올시다. 그럼 왜 아닌 것일까? 비발디가 각 계절을 묘사하기 위해 쓴 것으로 추정되는 14행 소네트를 읽어보면 흔히들 생각하는 것처럼 '베네치아=사계'라는 등식은 전혀 성립되지 않기 때문이다. 즉 눈을 아무리 씻고 봐도 비발디가 쓴 글에는 베네치아의 풍경을 연상하게 하는 표현은 하나도 없다. 그럼 각 계절의 소네트를 한번 살펴보자.

〈봄〉(협주곡 제1번 E장조)
봄이 왔다. 기쁜 봄이
새들은 즐겁게 지저귀며 봄을 맞이하고
시냇물은 미풍의 숨결 속에서 졸졸 흐른다.
문득 천둥과 번개가 무슨 징조인양
하늘을 온통 검은 장막으로 덮는다.
이윽고 주위가 잠잠해지자 작은 새들이
또 다시 매혹적인 노래를 부른다.
이제 꽃피는 조용한 풀밭 위에서,
잎사귀들이 즐겁게 속삭이는 가운데
양치기는 충실한 개들을 옆에 앉혀두고
잠들어 있다.
은은한 백파이프 소리가 저 멀리 울려 퍼지고
요정과 양치기들은 현란하게 도래한 봄의
화창한 하늘 아래에서 춤추며 어우러진다.

〈여름〉(협주곡 제2번 G단조)
뙤약볕이 내리쬐는 찌는 듯한 더위에
소나무는 누렇게 타들어가고 사람과 짐승
모두 나른해 있다.
뻐꾹새가 울자 마치 대답이나 하듯

비둘기와 방울새가 운다.
미풍이 살며시 불었다가 갑자기 불어 닥치는
폭풍에 실려 사라지고 만다.
양치는 소년은 폭풍이 두려워
또 자신의 운명이 걱정되어 울음을 터뜨린다.
다리는 지쳤으나 쉴 틈이 없고
사납게 달려드는 모기와 말벌 같은
번개와 천둥소리는 두렵기만 하다.
아, 소년을 짓누르는 공포의 무게여
하늘에서는 천둥과 번개가 번쩍이고
쏟아지는 우박은 익어가는 옥수수와 곡식을
사정없이 짓밟는다.

〈가을〉(협주곡 제3번 F장조)
농부들은 춤추며 노래하고 축하한다.
풍성한 수확의 기쁨에 쌓여
바쿠스의 술로 거나하게 취하여
즐거워하던 그들은 곯아떨어지고
하나둘 춤과 노래도 멈춘다.
훈훈한 공기는 쾌적함을 더하고
그래서 이 계절은 많은 이로 하여금
달콤한 선잠을 즐기도록 하는구나.
날이 새기 바쁘게 사냥꾼들은 짐승 쫓기를
시작한다.

나팔을 불며 총을 챙기고 개들을 끌고
편을 가른 사냥꾼들은 제각기 사냥감을
뒤좇는다.
총소리와 개들의 떠들썩한 소리에
겁에 질린 짐승은
기를 쓰고 도망가지만 결국 지쳐서 죽고 만다.

〈겨울〉(협주곡 제4번 F단조)
빛나는 눈 속에서 얼고 떨며
무서운 폭풍의 거친 울부짖음 속을
누군가가 발자국을 남기며 달린다.
강추위에 치아를 딱딱 부닥치며
난롯가에서 조용히 겨울을 보내는 동안
밖에는 비가 주룩주룩 내리고 있다.
누군가 미끄러질세라 조심스레 얼음 위를
걷고 있다.
얼음이 깨질까 두려워하며
용기를 내어 한발씩 디디지만 미끄러지고
넘어진다.
간신히 얼음을 디디고 재빨리 달리지만
얼음이 깨지면서 구멍 속으로 빠져버린다.
사람들은 덧문을 불안하게 흔드는
살벌한 폭풍소리를 걱정하지만
그러나 지금 북풍에 실려 온 겨울 속에서도

즐거움은 은밀하게 숨 쉬고 있다.

이 4개의 소네트에서는 대운하, 곤돌라, 리알토 다리, 산 마르코 광장 등 베네치아를 조금이라도 연상하게 하는 실마리는 전혀 없고 오로지 목동이나 농부, 사냥꾼들의 삶이 조명되어 있는데 이것은 비발디 시대의 베네치아나 오늘날의 베네치아하고는 전혀 상관이 없다.

베네치아는 다른 도시들과 달리 농업과 목축업이 아니라 순전히 해상무역으로 발전한 상업도시였다. 게다가 섬이니 더 확장할 수 있는 땅도 없고 사용 가능한 토지 또한 극히 제한되어 있었다. 베네치아는 한 뼘의 땅이라도 더 활용하기 위해 광장이나 해변의 산책로나 공원을 제외하고는 길의 폭을 두 사람이 겨우 지나다닐 정도로 좁게 했다. 이곳은 흙냄새 나는 땅이라고는 거의 눈에 띄지 않는다. 다시 말해 베네치아는 농사를 짓거나 가축을 방목하거나 사냥할 정도로 한가롭고 여유 있는 땅은 없다. 그렇다면 《사계》는 베네치아가 아닌 어느 시골 풍경을 그린 일종의 '전원 교향곡'인 셈이다.

그럼 그 시골은 어디일까? 이 곡이 작곡된 해가 1723년이란 사실로 추측해 보건데, 아마 베네치아에서 남서쪽으로 대략 100킬로미터 내륙 쪽에 있는 만토바 주변이 아닐까 생각된다. 왜냐하면 비발디가 이 곡을 쓰기 전에 그곳에서 3년 동안 머문

메트로폴 호텔의 창문과 그 위의 대리석판에는 이곳이 비발디가 몸담았던 오스페달레가 있던 자리라고 새겨져 있다.

비발디 성당과 메트로폴 사이의 골목. 비발디의 포스터가 붙어 있는 상부는 연결되어 있다.

적이 있기 때문이다. 그런데 《사계》에 귀를 기울일 때면 만토바의 전원 풍경보다는 아무래도 베네치아의 풍경이 마음속에 먼저 그려진다. '비발디=베네치아'라는 '브랜드의 인상'이 너무 강해서일까? §

■ 이탈리아 | 로마 | 베드로대성당
❞ 팔레스트리나(1525 - 1594) | 〈교황 마르첼루스 미사곡〉

'준비된 음악가'에게
미소 지은
행운의 여신

로마의 중심가에서 북서쪽으로 테베레 강 건너편 바티칸 지역에는 베드로가 순교하여 묻혔다고 여겨지던 곳에 세워진 베드로 대성당이 그 웅대한 규모를 자랑한다. 세계 최대의 성전 안에 들어서니 인간의 상상을 넘어선 규모에 먼저 압도되고 만다. 성당의 내부는 구석구석 빈틈없이 위대한 예술가들의 손길이 배어 있다. 그중에서 미켈란젤로의 조각 〈피에타〉에 눈길이 고정된다. 십자가에서 내려진 예수 그리스도를 무릎에 앉고 있는 성모 마리아의 청순한 얼굴이 깊은 감동을 준다.

　　대성당 내부의 한 소예배당에서는 미사를 드리는 모양이다. 사제의 낭랑한 라틴어 기도문이 A음이나 A플랫 음에 가깝게 들리면서, 대성당의 공간 안에 흩어진다. 그리고 음의 높낮이

베르니니의 조각 작품이 주류를 이루는 베드로대성당 내부

미켈란젤로의 작품 〈피에타〉

가 바뀌어진다. 그러면 주음절이 똑똑히 들리고 다음 음절이 변조되어 뒤따르는 동안 사라진다. 그리고는 미사곡이 들려온다. 6성부로 된 미사곡인데 음의 중복에서 오는 혼란은 별로 느낄 수 없다. 이 음악은 논리적으로 잘 짜여진 틀 속에서 독특한 선율과 색채와 음향이 묘한 균형을 이루고 있다. 이 음악은 마치 〈피에타〉의 성모 마리아의 모습처럼 고결하고 청순하면서도 종교의 신비함을 깊이 느끼게 해준다.

　노장 미켈란젤로가 1546년부터 숨질 때인 1564년까지 베드로 대성당 건축을 맡고 있는 동안, 같은 로마에서 왕성하게 활동하던 젊은 음악가가 있었다. 그의 이름은 조반니 피에를루이지 Giovanni Pierluigi 인데 '팔레스트리나 출신'이란 뜻에서 보통 '다 팔레스트리나 da Palestrina', 또는 간단히 '팔레스트리나 Palestrina'라고 한다.

'팔레스트리나'라는 곳은 로마에서 동쪽으로 약 30km 정도 떨어져 있는 산중턱에 세워진 아주 작은 도시로 웬만한 지도에는 잘 나와 있지도 않다. 그래도 이 도시의 기원은 로마보다 훨씬 이전으로 거슬러 올라간다. 이 고도古都에는 기원전 1세기 후반에 세워진 거대한 신전의 유적이 있는데 이 신전은 인간의 행운을 관장하던 포르투나 Fortuna 여신 에게 바쳐진 것이었다. 포르투나 숭배 전통이 워낙 뿌리 깊었기 때문에 기독교가 이곳에서 전파되기가 아주 힘들었다. 한편 Fortuna의 영어식 표기는 Fortune이다.

행운의 음악가 팔레스트리나

팔레스트리나는 1525년이나 1526년에 태어난 것으로 추정된다. 그러니까 미켈란젤로보다는 나이가 대략 50세 연하이고 바흐보다는 대략 160년 이전 사람이다. 그는 16세기 후반 르네상스를 마감하는 최후의 대작곡가이며 로마악파를 대표하는 거장으로서 이른바 폴리포니 polyphony, 즉 다성음악을 원숙한 형태로 가다듬은 장본인이다. 그의 음악은 17세기 이래로 작곡가가 되려는 사람들에게는 표본이 되었으며, 18세기 후반부터는 가장 이상적인 종교음악으로 칭송을 받았다.

그는 소년 시절에 로마의 산타 마리아 마죠레 대성당의 소년 성가대에 소속되어 있었는데 당시 이 성당의 음악 담당자들은 알프스 산맥 이북 출신, 특히 플랑드르 지방 출신들이 많았다. 이들은 유럽 음악계를 주름잡던 플랑드르 악파의 마지막 계승자들이었다. 플랑드르 악파의 음악은 마치 고딕 건축처럼 치밀하고 정교한 구축력을 지니고 있었는데 팔레스트리나도 초기에는 그들의 영향을 많이 받았다.

20세가 되기 전인 1544년 그는 고향의 조반니 델 몬테 추기경의 부름을 받고 그곳 대성당의 오르간 주자로 임명되었다. 또 그곳에서 돈 많은 고향 아가씨와 결혼도 했으니 복도 많았다. 게다가 1550년에는 그를 아끼던 추기경이 뜻밖에도 교황으로 선출되는 바람에 그는 당장 교황의 부름을 받고 교황청 최고의 음악감독 자리까지 맡게 되었으니 행운의 여신이 그에게 미소를 지었다고나 할까.

한편 이 교황이 바로 율리우스 3세인데, 그는 재위 기간 중에 미켈란젤로, 바자리, 팔레스트리나 등과 같은 대예술가들을 후원했다는 점에서는 크게 평가받을 수는 있겠다. 하지만 교회의 정치나 행정에는 아주 무관심했으며 성직자답지 않은 부끄러운 행동으로 수많은 스캔들이 꼬리를 물었다. 그가 1555년 3

월 23일에 서거하자 뒤를 이어 마르첼로 체르비니 추기경이 4월 9일에 교황으로 선출되었는데 그가 바로 마르첼루스 2세다. 새 교황은 이전 교황과는 달리 음악에 대한 태도가 완전히 달랐다. 그의 눈에는 교회에서 사용되는 음악이 하나님을 찬양하는 것이 아니라 연주자의 기량이나 과시하는 세속적인 행위로 보였던 것이다. 그래서 그는 교회에서 음악을 아예 아주 없애버릴 생각을 하고 있었다.

위기를 기회로 바꾼 〈교황 마르첼루스 미사곡〉

종교 개혁이후, 카톨릭 교회 내부에서는 자체 쇄신운동이 일어났다. 이것을 보통 반종교개혁운동이라고 한다. 당시 개신교 음악이 급속히 전파되고 있는 터라 이탈리아 북부 도시 트렌토에서 열린 종교회의에서 카톨릭 교회음악 정화문제를 논의하게 되는데, 당시 교회 안에 세상음악이 너무 많이 침투되어 거룩해야할 교회음악이 너무 많이 더럽혀져 있다는 것이었다. 즉, 세상곡조를 빌려다 미사에 사용하는 일이 많았기 때문에 이런 음악을 교회 밖으로 추방할 필요가 있었다. 그리고 교회에서는 여러 갈래의 선율이 서로 얽혀나가는 다성 음악이 주류를 이루고 있었기 때문에, 신을 찬양하는 가사를 전혀 알아들을 수 없었다. 가사를 알아듣지 못한다는 것은 듣기 좋은 음악일지는 몰라도, 예배에

베드로대성당 입구. 팔레스트리나가 활동할 당시 이 대성당은 공사 중이었다.

는 도움이 안 되는 것이었다. 트렌토 종교회의에서는 이러한 교회음악을 금지하려고 했다. 그런데 이렇게 되면 그때까지 수백 년에 걸쳐 이루어진 귀한 작품들이 하루아침에 도매금으로 폐기 처분 될 수도 있고, 또 교회음악은 단순하고 지루하게 될지도 모르는 일이었다. 이런 와중에 음악가 팔레스트리나는 교회음악의 새로운 길을 제시하게 된다.

    1555년, 부활절을 앞둔 4월 12일 성 금요일, 팔레스트리나는 새로 선출된 교황 마르첼루스 2세를 위한 미사를 위해 예수 수난곡을 특별히 준비했다. 그가 지휘하는 성가대가 거룩하게 성가를 부르기 시작했다. 그런데 새 교황은 매우 언짢아하는 표정을 지었다. 왜 그랬을까? 노래가 여러 성부로 엇갈려 고난의 신비한 내용을 전혀 알아들을 수 없었기 때문이다. 얼굴이 굳어진 교황은 팔레스트리나와 성가대에게 '내용을 알아들을 수 있도록 제대로 노래하라'고 경고했다. 이제 음악이 교황의 마음에 안 들면, 팔레스트리나 성가대원이나 이제 모두 일자리를 잃을 판국이었다.

    팔레스트리나는 곤경에 빠졌다. 한참 고민하던 중에 갑자기 새로운 아이디어가 번뜩 머리를 스쳐갔다. 다성 음악으로도 거룩하며 또 가사의 내용을 충분히 제대로 전달할 수 있는 방법이 떠올랐던 것이다. 아무리 해결책이 없을 것 같이 보이는 것도 생각을 조금만 달리하면 의외로 쉽게 해결책을 얻는 경우가 많다. 사

교황 마르첼루스에게 미사곡을 바치는 팔레스트리나.

실 그의 방법은 아주 간단했다. 여러 사람이 다른 음을 노래하더라도 같은 순간에 같은 가사가 나오도록 작곡하면 되는 것이 아닌가? 엇갈려 달리는 선율 위에 똑같은 가사를 위에서부터 아래까지 같은 열에 맞추어서 쓰면 되는 것이다.

　이리하여 팔레스트리나는 불과 몇 시간 만에 아주 새로운 미사곡을 작곡했다. 이 곡은 5개의 전형적인 기도문인 키리에 Kyrie-글로리아 Gloria-크레도 Credo-상투스 Sanctus-아뉴스 데이 Agnus Dei로 구성되어 있는데 기도문의 내용도 쉽게 알아들을 수 있고 동시에 거룩한 감동까지 안겨주었다. 까다로운 교황도 이 곡을

미켈란젤로의 천장화 〈천지창조〉와
벽화 〈최후의 심판〉이 있는 카펠라 시스티나

듣고는 매우 흡족해했다. 음악을 수평적으로 작곡하는 것을 대위법적이라고 한다면 수직적으로 작곡하는 것을 화성법적이라고 하는데, 팔레스트리나는 대위법으로만 작곡되어 오던 교회음악에 화성법을 접목했던 것이다. 이것이 바로 팔레스트리나의 유명한 작품인 〈교황 마르첼루스 미사곡〉에 얽힌 일화다. 그런데 교황 마르첼루스 2세는 4월 30일에 급서하고 말았으니까 22일이라는 그의 짧은 재위기간 동안에 팔레스트리나는 이탈리아의 교회음악에 새로운 지평을 열었던 셈이다.

준비된 음악가

음악가 팔레스트리나가 출생한 1525년(또는 1526년) 무렵에는 이탈리아에서는 중요한 역사적 사건들이 많았다. 로마의 르네상스를 뿌리채 흔들어 놓은 1527년의 '로마 약탈' 외에, 정치 및 종교적으로는 독일과 스위스에서 루터와 쯔빙글리가 이끄는 프로테스탄티즘의 영향력이 날로 증대해 갔으며, 교황청은 이에 자극받아 장기적인 반종교 개혁운동을 벌이기 시작했다.

이런 굵직한 역사의 흐름을 음악적인 측면으로만 본다면, 역사는 팔레스트리나의 등장을 마치 예고하고 있었던 것처럼 보인다. 이런 격동기 속에서도, 공교롭게도 음악가 팔레스트리나는 당시 파괴와 학살이 횡행하던 로마가 아닌, 안전한 팔레스트리나에서 태어났고, 또 공교롭게도 팔레스트리나의 추기경이 교황으로 선출되어 당시 세상에서 가장 든든한 후원자가 생겼던 것이다. 그러니까 그는 반종교개혁 운동의 와중에 카톨릭 교회음악이 위기에 처했을 때, 교회 음악의 새로운 방향을 제시할 수 있는 위치에 설 수 있었던 것이다. 교황 율리우스 3세가 죽은 후, 교황 마르첼루스 2세가 등장한 것은 팔레스트리나에게는 청천벽력 같은 사건이었지만, 위기가 오히려 기회가 된 것도 행운의 여신의 미소를 지었기 때문인 셈이다.

교황 마르첼루스 2세를 이은 79세의 새 교황 파울루스 4세 1555-1559는 나폴리 귀족 출신으로 나이와는 달리 아주 원기 왕성했고 성격은 완전 고집불통이었다. 이런 교황이 등장하자 그 동안 잘 대접받던 대예술가들이 아주 피곤해졌다. 교황은 미켈란젤로의 연금을 동결했고, 카펠라 시스티나 Cappella Sistina 의 벽화 〈최후의 심판〉을 보고는 미켈란젤로에게 나체들을 감추라고 명령하기도 했다. 물론 미켈란젤로는 이를 무시했지만.

마침내 불똥은 팔레스트리나에게도 튀었다. 당시 유럽에서 프로테스탄트 교세가 점점 더 확장되어가자, 이 교황은 카톨릭 자체 내의 정화운동을 더욱더 강도 높게 수행해나갔다. 그는 사람이든 사물이든 교회를 저해하는 어떠한 행위도 용납할 수 없다고 말하고는, 그것도 부족하여 교회로부터 모든 기혼 가수들을 몰아내고 독신주의를 강화하는 조처를 내렸다. 그러고 보니 팔레스트리나는 이미 결혼한 몸이 아닌가? 그는 할 수 없이 자신의 직위에서 물러나야만 했다.

그래도 행운의 여신은 미소를 지었다. 그는 바티칸에서 쫓겨나자마자 로마의 라테라노 지역에 있는 산 조반니 대성당 음악감독이 되었고, 이어서 산타 마리아 마죠레 대성당을 거쳐 1571년에는 다시 바티칸의 음악감독이 되었으니 말이다. 그리고 아내가 죽자 다시 돈 많은 여인과 재혼하여 편한 여생을 보냈고 1594년에 죽어서는 교황이나 묻히는 베드로 대성당 지하에 '음악의 군주Princeps Musicae'라는 타이틀이 새겨진 석관에 안치되었으니, 미켈란젤로도 누려보지 못한 엄청난 영광까지 차지한 셈이다. 행운의 여신은 마지막 순간까지 그에게 미소를 지었던 것일까? §

■ **이탈리아 | 로마 | 산 파올로 대성당**
🔖 **멘델스존(1809-1847) | 오라토리오 《사도 바울》**

'작고 미천한 자'의
발자취를 따라서

서기 1세기 초반의 일이다. 유복한 바리새파의 아들로 지성적이지만 거만하고 불같은 성격의 유대인 청년이 있었다. 그의 이름은 유대식으로 샤울Shaul인데 보통 간단히 사울Saul로 표기된다.

그는 로마제국 시민권 소유자로 기독교를 사회에 해악을 끼치는 사악한 신흥 종교로 여기고 기독교 신자들을 탄압하는 데 앞장섰다. 당시 시리아의 다마스쿠스에서 기독교의 교세가 점점 커지자 이를 탄압하러 말을 타고 그곳으로 향했다. 그런데 그곳으로 가던 도중에 갑자기 하늘에서 눈부신 섬광이 그의 얼굴에 떨어졌다. 그는 그만 눈이 멀어져 말에서 떨어지고 말았다. 그때 하늘에서 "사울아, 사울아, 왜 나를 박해하느냐?"라는 목소리가 들려왔다. 공포에 질린 사울은 떨리는 목소리로 "당신은 누구십

햇빛을 눈부시게 반사하는 산 파올로 대성당

니까?"하고 물었다. 그러자 "나는 네가 박해하는 예수다."라는 소리가 들려왔다. 그 후 그는 앞을 보지 못하다가 3일 만에 빛을 되찾았다. 그 다음 그는 세례를 받고 예수의 가르침을 전하는 사람으로 완전히 탈바꿈하게 되는데 이때부터 그의 이름은 파울루스Paulus로 바뀌었다. 라틴어로 pau-는 '작은, 미천한'이란 뜻이고 -ulus는 작은 것을 나타낼 때 쓰는 축소형 어미다. 그러니까 거만했던 사울은 '작고 미천한 보잘것없는 자'로 새롭게 태어난 것이다. 이 '작고 미천한 자'가 한 알의 작은 씨앗이 되어 기독교 전파의 열매를 맺게 했다.

파울루스라는 이름은 이탈리아어로는 파올로Paolo, 스페인어로는 파블로Pablo, 포르투갈어로는 파울루Paulo, 영어로는 폴Paul, 슬라브계 언어로는 파벨Pavel이라고 한다. 우리나라 개신교에서는 바울이라고 하고 가톨릭교회에서는 바울로, 같은 이름이지만 교황인 경우는 바오로라고 한다. 독일어에서는 사도 바울의 경우 라틴어 명칭 파울루스Paulus를 그대로 사용하고, 보통 사람의 이름으로 사용될 때는 파울Paul이라고 한다. 한편 이탈리아에서는 성 바울이란 뜻으로 산 파올로San Paolo라고 하는데 이에 해당하는 포르투갈어 표기는 사웅 파울루São Paulo다. 그러니까 브라질의 도시 사웅 파울루는 바로 '성 바울'을 뜻한다.

로마 외곽에는 바울을 기념하는 거대한 성당이 세워져 있다. 이 성당은 로마의 성벽 바깥에 있다고 하여 보통 '성벽 밖의

외부에서 본 산파올로 대성당

산 파올로 대성당Basilica di San Paolo fuori le mura'이라고 불린다.

산 파올로 대성당을 향하여

로마 시내에서 B선 전철을 타고 산 파올로 역에서 내려 산 파올로 대성당으로 향한다. 오후 5시 반경 태양이 서쪽으로 기울고 있다. 산 파올로 대성당의 입구는 동쪽을 바라보는 베드로 대성당과는 달리 서쪽을 바라보고 있다.

대성당의 본당에 들어가기 전 150개의 기둥이 둘러싸고 있

본당 앞에 있는 중정 회랑.
가운데에 사도 바울의 석상이 세워져 있다.

는 사각형의 주랑 현관에 발을 들여 놓는다. 이곳은 신의 집에 들어가기 전에 몸과 마음을 한 번 더 깨끗하게 하라는 의미가 있는 공간이다. 갑자기 눈이 부시다. 마치 바울의 눈을 멀게 한 하늘의 섬광 같은 빛이 얼굴에 쏟아진다. 대성당 정면 상부에는 예수 그리스도를 중심으로 좌우에 베드로와 바울, 그 아래에는 네 선지자들의 모습을 담은 모자이크가 있는데 그 여백을 이루는 금빛 모자이크 면이 늦은 오후의 햇살을 눈부시게 반사하고 있는 것이다. 눈부신 반사면을 배경으로 커다란 사도 바울의 석상이 주랑 현관의 한가운데 세워져 있다.

바울은 오른손에는 칼을, 왼손에는 성경을 들고 있다. 기독교를 받아들이지 않으면 죽이겠다는 뜻일까? 사뭇 위협적으로 보일 수도 있겠지만 여기서 칼은 말씀의 검, 즉 신의 말씀을 상징한다.

밝은 전실에서 어두운 본당으로 발을 들여놓는다. 신비함이 느껴지는 거대한 실내로 빨려 들어가는 듯하다. 실내는 좌우 두 줄로 길게 늘어선 원통형 기둥들로 인해 깊이감이 느껴진다. 이 거대한 실내에서 고대 로마의 바실리카basilica 건축양식을 상상해 본다. 바실리카는 원래 법정, 금융, 상업 등 여러 기관과 기능이 몰려 있는, 장방형의 거대한 공회당 건물이었다. 초기 기독교는 많은 신도들을 수용하기 위해서 바실리카 형식을 성전의 전형으로 받아들였다.

기둥이 길게 늘어선 산파올로 대성당 내부.
고대 로마의 공회당 바실리카를 연상하게 한다.

이탈리아어에서 s의 발음은 프랑스어처럼 앞뒤에 모음이 있으면 [z]로 발음된다. 따라서 라틴어의 바실리카는 이탈리아 발음으로는 '바질리카'가 된다. 이탈리아에서는 보통 큰 성당을 바질리카라고 부르는 경우가 많다. 이들 대부분은 후세에 변형되거나 장식이 심하게 더해져서 고대 로마의 바실리카 원형을 제대로 느끼기 힘들다. 하지만 산 파올로 대성당에서는 2000년 전 고대 로마인들이 세웠던 바실리카의 내부 공간이 어떤 모습이었는지 거의 그대로 알 수 있다.

널찍하고 수수한 대성당의 실내에서 시선은 제단 쪽으로 모아진다. 이 제단은 바울의 무덤이 있다고 믿어지는 곳 위에 세워진 것으로 교황만이 이곳에서 집전할 수 있다. 제단 위에는 1285년에 중세의 대예술가 아르놀포 디 캄비오가 제작한 정교한 조각들로 장식된 지붕인 고딕양식의 발다키노 baldachino: 천개 가 수수한 실내와 대조를 이룬다. 그런데 전체적으로 보면 이 성당은 몇 백 년 된 로마의 다른 성당들에 비해 별로 오래되었다는 느낌이 들지 않는다. 깊은 역사를 지녔음에도 역사의 연륜이 별로 느껴지지 않는 이유는 무엇일까?

사도 바울의 생애를 그린 오라토리오

양쪽으로 늘어선 기둥 뒤의 벽에는 역대 교황들의 얼굴을 담은

창과 창 사이에는 사도 바울의 생애를 그린 벽화가 그려져 있고
그 아래에는 모든 교황들의 초상이 일렬로 그려져 있다.

모자이크가 성당 내부를 돌아가며 일렬로 배치되어 있고 그 위 창문과 창문 사이의 벽에는 바울의 일생을 그린 36개의 프레스코 벽화가 보인다. 벽화를 하나하나 보면서 바울의 일생을 음악으로 표현한 멘델스존의 오라토리오 《성 바울Paulus》을 떠올려본다. 그런데 '오라토리오'가 무엇일까?

오라토리오oratorio란 문자 그대로 번역하면 '기도하는 곳'이란 뜻이다. 장소를 가리키는 말이 어떻게 해서 음악의 한 장르를 지칭하는 말이 되었을까? 그 기원은 16세기 중반으로 거슬러 올라간다. 종교개혁에 자극받은 가톨릭교회가 자체 쇄신운동을 한

창 벌이던 1550년, 로마에서 필립포 네리 Filippo Neri가 기도와 묵상과 찬양으로 신앙을 더욱 굳게 다지는 집회를 시작하는데, 이러한 집회는 다른 도시에도 퍼져나갔다. 그 후 기도실 집회에서 음악이 큰 비중을 차지하게 되면서 '오라토리오'는 종교적 내용을 담은 음악을 일컫는 말로도 사용되기 시작했다. 이어 오라토리오는 종교적 내용의 극을 오페라처럼 전개하는 음악 형태로 발전하는데, 오페라와의 차이점은 무대나 몸으로 하는 연기 없이 독창, 중창, 합창, 관현악으로만 극을 전개한다는 것이다.

멘델스존의 오라토리오《성 바울》은 우리나라에서는《사도 바울》로 번역되어 있다. 연주시간 2시간이 넘는 대작으로 1부와 2부의 내용은 다음과 같다.

[1부] 초기 기독교 신자들이 자신들을 박해하는 이방인을 이길 수 있게 해달라고 신에게 간구하는 것으로 시작한다. 불경죄로 체포된 스테파누스 스데반가 돌에 맞아 순교하고 스테파누스의 죽음을 지켜본 사울은 기독교도들을 더 박해하러 다마스쿠스로 가는 도중에 하늘에서 섬광이 나타나 앞을 못 보게 되고 예수 그리스도의 음성을 듣게 된다. 다마스쿠스에서 신이 보내 준 아나니아를 만난 다음 깊이 참회하게 되고 다시 앞을 볼 수 있게 된다. 성령의 체험으로 거듭난 그는 세례를 받고 예수를 전파하는 거룩한 사도로서 여러 회당에서 전도하게 된다.

[2부] 기독교로 개종한 사울은 이름을 바울로 바꾸고 사람들에게

전도하기 시작하며, 바나바와 함께 나라 밖으로도 그리스도의 진리를 전하러 가게 된다. 하지만 유대인들은 그들을 시기하여 바울을 어떻게 죽일까 궁리한다. 유대인들은 신의 선택을 받았는데도 불구하고 그리스도의 복음을 배척하자 바울과 바나바는 이방인들에게 전도를 하게 된다. 바울이 앉은뱅이를 기적적으로 일으켜 세우는 것을 본 이방인들은 바울을 헤르메스, 바나바를 제우스신이라면서 찬양한다. 바울과 바나바는 이런 찬사를 거절하고 이들이 예수 그리스도를 섬기도록 노력한다. 유대인들은 바울이 율법을 어겼다고 그를 돌로 쳐 죽이려 하지만 바울은 신의 섭리로 그 위험에서 벗어난다. 그 후 바울은 에페소스에서 교회의 장로들에게 자신은 성령의 뜻에 따라 예루살렘으로 가며 이제는 다시 만나지 못할 것이라고 말하면서 이들과 헤어진다.

이 오라토리오에서는 그 이후의 바울의 행적이나 그의 순교에 관한 내용은 없다. 바울은 네로황제 시대 때 로마에 왔다가 체포되어 사형당했다고 전해진다. 물론 이를 역사적으로 증명할 만한 사료는 없다. 엄밀하게 따져보면 네로황제는 기독교 신자라는 이유만으로 사람을 체포하거나 처형한 것이 아니었기 때문에 바울이 어떤 죄목으로 체포되었으며 어떤 연유로 참수형을 당했는지는 알 수가 없다.

산파올로 대성당은 기독교를 공인한 콘스탄티누스 대제가 324년 사도 바울이 묻혀 있다고 전해지던 곳에 그를 기념하는 조그만 경당을 세운 것이 그 기원이 되는데, 386년 발렌티아누스 황제는 이 경당을 허물고 대규모 성당을 다시 지었다. 바울의 무덤 위에 세워졌다고는 하지만 아직 확실히 밝혀진 것은 없다. 한편 바울의 순교지는 이곳에서 좀 떨어져 있는 트레 폰타네 Tre Fontane: 세 개의 샘라는 곳으로 전해지고 있는데, 이 지명은 바울이 참수형을 당했을 때 그의 머리가 땅에 떨어져 튀어 오른 곳마다 샘이 솟았다고 해서 붙여졌다. 현재 이곳에는 수도원이 자리 잡고 있다.

유대인 멘델스존

히틀러는 멘델스존이 유대인이었다는 이유로 그의 작품의 공연을 금지했다. 그렇다면 멘델스존은 유대인이면서 왜 하필 기독교의 기둥 같은 존재인 바울을 주제로 한 오라토리오를 작곡하기로 결심했을까? 유대인 바울이 유대교 신봉자에서 기독교로 개종했듯이 유대인 멘델스존 가문도 기독교로 개종했기 때문이었을까? 펠릭스 멘델스존은 어릴 때부터 아버지 아브라함으로부터 기독교 교육을 받았다. 한편 멘델스존의 할아버지 모제스 멘델스존은 유명한 유대인 철학자였다. 멘델스존은 자신이 유대계임을 부정하지도 유대계임을 드러내지도 않았다. 그의 성 멘델스존–바르톨디 Mendelssohn-Bartoldy에서 바르톨디는 그의 아버지 아브라함이 나중에 덧붙인 것인데 이는 그의 가문이 유대계라는 사실을 희석시키기 위한 의도였다고 한다.

로마의 멘델스존

멘델스존은 21세가 되던 1830년에 이탈리아를 여행하고 나서 1833년에는 〈교향곡 이탈리아〉를 완성했으며 1835년에는 오라토리오 《사도 바울》을 완성했다. 멘델스존은 1836년 《사도 바울》을 뒤셀도르프에서 초연한 이후 프랑스 개신교목사의 딸 세실 쟝르노와 결혼했다.

만약 그가 로마에 체류하던 중에 이 오라토리오를 구상했다면 사도 바울의 발자취를 더듬어 볼 수 있는 산 파올로 대성당을 한 번쯤 방문하지 않았을까? 그런데 그는 이 대성당을 보고 싶어 했다 하더라도 보지 못했을 것이다. 왜냐면 1500년 동안 멀쩡하게 서 있던 이 대성당이 1823년 7월 15일에 발생한 대화재로 인하여 하룻밤 사이에 완전히 폐허가 되고 말았기 때문이다. 이 성당은 1854년에야 복구되어 현재에 이르고 있다. 장구한 역사에도 불구하고 산 파올로 대성당이 로마에 있는 다른 성당들에 비해 세월의 때가 별로 묻지 않은 것은 바로 이런 이유 때문이다. §

■ 이탈리아 | 로마 | 산타 체칠리아 성당
, 구노(1840–1910) | 《산타 체칠리아 장엄 미사》 중에서
〈상크투스〉

우리의 영혼을
저 높은 곳으로

장구한 로마의 역사를 지켜온 테베레 강은 로마의 중심부를 휘감아 돌며 지중해 서쪽으로 흘러간다. 로마에는 '트라스테베레 Trastevere'라고 하는 지역이 있다. 이 지명을 문자 그대로 번역한다면 '테베레 강 건너편'이다. 정확히 말해서 로마의 중심에서 강 건너 서쪽에 있는 지역이다. 이 지역에는 로마의 토박이들이 많이 살고 있고 또 로마의 토속적인 정취를 느낄 수 있는 레스토랑들이 많이 몰려있다. 이 지역에는 옛날 건물들이 거의 그대로 보존되어 있는데 1900년대 초반에 만들어진 비알레 트라스테베레 Viale Trastevere 라고 하는 직선대로를 제외하고는 좁은 미로들이 실핏줄처럼 얽혀져 있다. 따라서 로마에 사는 사람이라 할지라도 이 지역을 돌아다니다가 길을 잃기 십상이다.

산타 체칠리아 성당 본당 입구의 중정

트라스테베레 지역의 구불구불한 골목길을 걸어가면서 산타 체칠리아 성당을 찾아 나선다. 지도를 손에 쥐고 있었지만 길을 몇 번 물어 본 다음에야 겨우 이 성당을 찾아냈다. 산타 체칠리아 광장 Piazza di Santa Cecilia 에 들어서면 성당의 모습은 보이지 않고 동쪽으로 향한 황갈색의 바로크식 건물이 광장의 분위기를 압도하고 있다. 이 건물 한가운데에 있는 아치문으로 들어서면 중정이 나오고 그 뒤로 종탑이 있는 성당의 모습이 보인다. 그러니까 성당은 외부로부터 보호되어 있는 듯하다. 성당은 중정을 통해서 진입하게 되어있는데 중정은 거룩한 '신의 집' 안에 들어가기 전에 몸과 마음을 정결하게 하는 일종의 전실 前室 이다. 분수소리가 들리는 중정을 거닐면서 프랑스의 음악가 샤를 구노 Charles Gounod 를 생각해 본다.

로마의 종교적 분위기에 매료된 샤를 구노

구노는 어머니의 피를 받아 음악에 뛰어났고 아버지의 피를 받아 미술에도 뛰어났는데 결국에는 어머니의 영향이 더 컸던 모양이다. 그는 어머니가 인도한 음악세계에 빠졌으며 어머니의 영향으로 카톨릭에도 심취해 있었다. 그는 카톨릭의 수도 로마에 오기 위하여 프랑스 정부가 수여하는 로마 대상 Prix de Rome 에 도전하지만 두 번 실패했다. 그러다가 21세가 되던 해인 1839년에 세 번째로 도전하는데 그때 제출한 작품이 심사위원들로부터 좋은 평가를 얻었기 때문에 마침내 '음악부문 국비장학생'으로 선정되었다. 이리하여 그는 1840년 1월부터 로마에 와 로마 시가지가 내려 보이는 빌라 메디치에 체류하게 되었다.

    로마는 예술적 감수성이 예민한 이 젊은 음악가에게 이루 말 할 수 없이 많은 영감을 주는 도시였다. 구노는 무엇보다도 먼저 이 도시가 주는 종교적인 분위기에 완전히 매료되었다. 그는 원래 모차르트와 롯시니가 작곡한 세속 오페라 음악에 많은 관심을 두고 있었지만 이곳에서는 팔레스트리나의 음악에 빠져들면서 16세기의 종교음악 연구에도 몰두했다.

    로마 체류를 끝낸 다음에는 오스트리아와 독일을 거쳐 1842년에 파리에 돌아갔다. 파리에서는 해외선교 성당에서 성가대 지휘자로 4년 반 동안 있으면서 성직에 대한 소명을 의식하고 생 쉴플리스 Saint-Suplice 신학교에서 신학에 몰두하게 되는데 이때 그는 성직자의 길로 완전히 들어설 뻔도 했다. 바로 이 시기에 그는 《산타 체칠리아 장엄 미사》를 완성했다.

    그는 이 곡을 1851년에 영국 런던에서 초연했는데, 이를 통해서 작곡가로서 인정받게 되었다. 이 곡의 프랑스 원어 제목은 Messe solennelle de Sainte Cécile이다. Sainte Cécile 생트 세실은 이탈리아식 표기 Santa Cecilia 산타 체칠리아의 프랑스식 표기이다. 참고로 '거룩한'이란 뜻의 라틴어 상크투스 sanctus 는 이탈리아어로는 간단히 산토santo가 된다. 성인聖人인 경우 여성이면 산타Santa, 남성이면 산토Santo를 이름 앞에 붙이는데, 산 파올로San Paolo처럼 이름이 자음으로 시작되면 산San을 붙인다.

음악의 수호 성녀 산타 체칠리아

로마의 중심가에는 크고 작은 성당이 헤아릴 수없이 많다. 이 성당들 대부분은 깊은 역사와 종교적 사연을 간직하고 있다. 구노는 로마에 체류할 때 산타 체칠리아 성당을 한번쯤 찾아보았을 것이다. 그럼 체칠리아는 도대체 어떤 여인이었을까?

이야기는 로마제국 말기로 거슬러 올라간다. 기독교에 대한 박해가 심하던 서기 230년 경의 일이다. 로마의 전통 명문귀족 가문 출신 중에 카이킬리아Caecilia라는 규수가 있었다. 이 이름은 후기 라틴어 발음으로는 '체칠리아'이고 이탈리아어식으로는 간단히 Cecilia로 표기된다. 편의상 지금부터는 '체칠리아'하고 하자. 그녀는 아주 독실한 기독교 신자였다.

당시 로마제국의 국운은 상당히 기울어져 군인들이 쿠데타를 일으켜 황제자리에 오르면 또 다른 장군이 쿠데타를 일으키는 등 제 명대로 살다가는 황제들이 드물 정도로 정치적 혼란이 계속되고 있었다. 당시의 데키우스 황제는 기울어져 가는 로마제국의 국운을 조금이라도 일으켜 세우겠다는 의도로 로마의 전

트라스테베레 지역의 산타 체칠리아 광장.
왼쪽의 바로크식 건물이 산타 체칠리아 성당 입구이다.

통신 숭배를 강화하고 기독교를 국가차원에서 무자비하게 탄압했다. 어린 나이에 귀족 발레리아누스와 결혼한 체칠리아는 먼저 남편과 시동생을 기독교 신자로 개종시켰다. 하루는 이들은 순교당한 기독교 신자들을 몰래 장례 치러 주다가 그만 관헌에게 체포되고 말았다.

    남편과 시동생은 참수형에 처해졌고 체칠리아는 귀족가문 출신이라서 '특별대우'를 받아 공개처형이 아닌 집안 목욕탕에서 뜨거운 증기로 질식하게 하는 사형을 받도록 했다. 그런데 형리가 체칠리아를 열탕에 가두어놓고 불을 아무리 뜨겁게 때어도 그

녀가 멀쩡 하자, 사형방법을 참수형으로 바꾸었다. 형리는 그녀의 목에 칼을 내리쳤다. 체칠리아는 왜소하고 가냘픈 체구에다가 목도 가는데 전혀 끄덕하지 않았다. 형리는 자기가 뭐 실수한 것이 아닐까 하고 생각하고는 다시 칼을 내리쳤다. 그런데 어찌된 일인지 체칠리아의 상처 난 목에서 피만 좀 흘러나왔지 목은 멀쩡했다. 형리는 자신의 눈을 의심했다. 그리고 한편으로는 자존심이 무척 상했다. 자기 평생에 이런 일은 처음이었으니 말이다. 로마형법에 의하면 참수형을 할 때 형리는 사형수에게 세 번까지만 칼을 내리칠 수 있다. 형리는 정신을 가다듬고 숨을 들이마시고 숨을 뱉으면서 마지막으로 칼을 힘껏 내리쳤다. 아니, 그런데 도대체 또 이게 어찌된 일인가? 가냘픈 목은 잘려나가지 않고 목에 상처만 깊게 났고 피만 흘러내릴 뿐이었으니 말이다. 이게 무슨 귀신 곡할 노릇이란 말인가? 형리의 눈은 휘둥그레지고 얼굴은 파랗게 질렸다. 형리는 갑자기 부들부들 떨더니 칼을 내팽개치고는 그냥 줄행랑 쳤다고 한다.

체칠리아는 목의 상처와 출혈로 인하여 결국 사흘 만에 숨을 거두고 말았는데 숨이 붙어 있는 마지막 순간까지 예수 그리스도를 찬양하는 노래를 불렀다고 한다. 이러한 연유로 체칠리아는 후세에 음악의 수호성녀로 추앙되었으며 순교한 날짜 11월 22일은 산타 체칠리아 축일로 여러가지 음악 행사들이 열린다. 그리고 이탈리아의 음악 학술원과 로마의 음악원은 산타 체칠리

바로크양식의 산타 체칠리아 성당 내부

아의 이름을 붙여, 각각 아카데미아 디 산타 체칠리아 Accademia di Santa Cecilia 와 콘세르바토리오 디 산타 체칠리아 Conservatorio di Santa Cecilia 라고 한다.

생생하게 되살아난 체칠리아의 모습

체칠리아의 시신은 로마교외의 비아 아피아 도로 연변에 있는 지하 공동묘지인 성 칼리스토의 카타콤베 Catacombe di San Calisto 에 안치되었다. 그 후 많은 세월이 지난 9세기 초에 체칠리아의 관은 테베레 강변 가까이 그녀가 살던 집으로 여겨지던 곳으로 옮겨졌고, 그 자리에는 경당이 세워졌다. 오늘날 우리가 보는 산타 체칠리아 성당은 바로 이 경당이 있던 자리 위에 건축된 것이다.

또 많은 세월이 흘러갔지만 체칠리아 이야기만큼은 계속 전해져 내려왔다. 그러다가 1599년 10월 이 성당 지하에서 말로만 전해지던 산타 체칠리아의 관이 발굴되자 당시 로마시내는 온통 흥분의 도가니에 빠졌다. 모든 사람들의 이목이 집중된 가운데 교황은 관의 뚜껑을 열어보도록 했다. 이게 어찌된 일인가? 사람들은 소스라치게 놀랐다. 산타 체칠리아의 순교한 모습이 생생하게 그대로 보존되어 있는 것이 아닌가?

교황은 이 모습을 영구히 기록하기 위해 조각가 스테파노 마데르노를 불러 그녀의 모습을 있는 그대로 대리석으로 조각하도록 했다. 마데르노는 고대의 조각을 복원하는 데 정평이 나 있던 23세의 젊은이였다. 그는 놀라운 솜씨로 대리석을 깎아 체칠리아의 모습을 실물 그대로 1:1 크기로 만들어 냈다. 그의 대리석 조각을 보면 조그만 체구의 산타 체칠리아가 지금 막 순교한 것처럼 느껴진다. 젊은 마데르노는 고귀하고 순결한 소녀 같은 그녀의 모습을 조각하면서 연민의 정을 느꼈을지도 모르겠다. 그러나 그는 자신의 감정을 완전히 억제하고 오로지 있는 그대로의 형상을 마치 3차원 스캔하듯이 '기록'했는데 그 형상은 이루 말할 수 없는 극적인 감동을 던져준다. 그러니까 예술가의 감정을 극적으로 풍부하게 표현한 후세의 베르니니의 조각 작품과는 완전히 다르다. 고개를 돌리고 잠든 듯한 산타 체칠리아의 목에는 칼자국이 선명하다. 지금도 살아 있는 듯한 체칠리아의 거룩한 모습은 죽음이 증언하는 영원의 도시 로마를 다시 한 번 피부로 느끼게 한다.

심오한 신앙의 세계로 인도하는 거룩한 선율

고개들 들어 성당의 천장을 바라본다. 예수 그리스도로부터 면류관을 받는 산타 체칠리아의 모습을 그린 그림이 눈에 들어온다. 이 그림은 뛰어난 화필과 극적인 감동이 잘 혼합되어 있는 작품으로 성당 내부의 거룩한 분위기를 더욱더 고조시킨다. 성당 안

체칠리아가 순교한 모습을 젊은 조각가 마데르노가 실제 크기 그대로 재현한 대리석 조각. 목에 칼자국이 보인다.

고딕식의 발다키노가 있는 중앙제단.
그 아래에 산타 체칠리아의 대리석상이 보인다.

의 오르간이 조용히 울린다. 구노의 〈상크투스Sanctus〉 선율이 마음속 깊은 곳으로부터 조용히 솟아 올라오는 듯하다. 구노의 《산타 체칠리아 장엄 미사》는 모두 일곱 곡으로 구성되어 있는데 그중에서 가장 감동적인 곡이 바로 다섯 번째 〈상크투스〉이다.

안단테Andante의 빠르기로 9/8박자의 경건하고 평온한 리듬이 흐르고, 그 리듬을 타고 테너 솔로 '거룩, 거룩, 거룩한 주님이

시여!Sanctus, sanctus, sanctus Domine'가 흐른다. 그 다음에는 마치 천상의 천사들이 화답하는 듯한 합창과 흘러나오고, 다시 테너가 확신에 찬 소리로 '하늘과 땅에 가득한 영광'을 노래하고 나면, 다시 오케스트라와 합창은 이 선율을 받아 전개하며 점점 커진다. 그러다가 한순간에 독창과 합창이 혼연일체가 되어 '거룩, 거룩, 거룩한 주님이시여!Sanctus, sanctus, sanctus Domine'를 부르며 클라이맥스로 향하는데 이때 울려 퍼지는 금관악기는 마치 최후의 심판에 울리는 나팔소리처럼 들린다. 북받쳐 흐르는 감정은 '지극히 높은 곳에서 호산나Hosanna in excelsis'에서 최고조에 이르고, 그 다음에는 아멘Amen으로 잔잔하고 평온하게 끝맺는다.

  구노는 오페라 작곡가로서도 뛰어난 음악가였다. 즉 음악의 극적 효과를 이끌어 내는 데에 뛰어났다는 뜻이다. 그는 산타 체칠리아의 모습을 조각하던 마데르노가 자기의 감정을 극도로 자제했던 것처럼, 이 곡에서 극적인 화려함이 바깥으로 표출되는 것을 억누르고 그것을 섬세하게 조율하며 내면으로 이끌어가고 있는데, 그럼으로써 그는 종교적인 극적인 감동을 오히려 더 강하게 전달하는 것 같다.

  프랑스적인 우아함과 세련됨이 느껴지면서도 서정적이며 경건한 이 곡은 우리의 영혼을 정결케 하고, 또 우리의 영혼을 하늘 높이 끌어올리는 듯하다. 종교가 없는 사람들에게도 아마 마찬가지일 것이다. §

■ **오스트리아** | **오번도르프** | **고요한 밤 경당**
❞ **그루버(1787 – 1863)** | **〈고요한 밤, 거룩한 밤〉**

마음과 영혼을
따스하게 하는 불멸의
크리스마스 선물

런던
파리
베르사유
생장드뤼즈
마드리드
그라나다
팔마 데 마요르카
뮈백
프라하
슈반가우
빈
부다
오번도르프
루체른
베네치아
피렌체
티볼리
로마

    크리스마스는 '그리스도의 축제' 또는 '그리스도의 미사'라는 뜻의 라틴어에서 유래된 말이다.

    다른 나라에서도 예수 그리스도의 탄신일을 모두 '크리스마스'라고 부르는 것은 아니다. 성탄절을 라틴어로는 나탈리스 Natalis라고 하는데 그 뜻은 '탄생'이다. 이탈리아에서는 라틴어와 같은 어원으로 Natale 나탈레, 스페인에서는 '탄생'이라는 뜻으로 Navidad 나비다드, 프랑스에서는 '새로운 소식'이라는 뜻으로 Noël 노엘, 독일에서는 '(아기 예수 탄생을) 지켜보는 밤'이라는 의미에서 Weihnachten 바이나흐텐이라고 한다.

    어쨌든 크리스마스는 기독교도이건 아니건 누구나 할 것 없이 가장 큰 명절이다. 우리나라에서는 추석이나 설에 민족의

고요한 밤 기념경당. 앞에 보이는 돌무더기는 이곳에 있던 성 니콜라우스 성당의 폐허이다.

대이동이 있듯이 서양에서는 크리스마스 절기가 되면 민족의 대이동이 일어난다.

크리스마스의 유래

아기 예수가 태어난 날은 정확히 언제일까? 정말 12월 25일, 또는 1월 7일일까? 예수 그리스도의 탄신일에 대한 정확한 사료는 찾기 어렵다. 예수의 탄생을 축하하는 전통은 330년경 로마제국의 콘스탄티누스 황제 시대로 거슬러 올라간다. 그는 313년 밀라노 칙령을 통하여 기독교를 공인한 장본인이다. 로마의 정치 이념은 천년 넘게 뿌리내린 전통 종교와 긴밀하게 엮여 있었는데 콘스탄티누스 황제는 오랜 로마의 전통을 포기하고 박해하면 할수록 더욱더 교세가 확장되는 새로운 종교와 손을 잡았다.

원래 태양교에 심취해 있던 콘스탄티누스 황제는 기독교를 공인하고 나서 태양교의 전통을 부분적으로 기독교화 했다. 그 중 태양신에게 바쳐진 일요일을 공식적인 국가 공휴일로 정한 것과 태양신 미트라의 탄신일인 12월 25일을 예수의 탄신일로 정한 것이 그 예라고 할 수 있다. 로마에서는 원래 이교도들의 연말연시 축제가 있었는데 크리스마스는 바로 이 이교도들의 축제를 대신한 것이다. 당시 로마에서는 오래전부터 12월 25일에 태양신 축제가(이집트에서는 1월 6일) 행해지고 있었다.

고요한 밤 기념경당 모양의 촛불램프

유럽의 조용한 크리스마스

유럽의 크리스마스는 조용하다. 눈이 어지러울 정도로 휘황찬란한 불빛이 반짝이 광경도 없고 귀가 아플 정도로 크리스마스 캐롤을 크게 틀어 놓는 일도 없다. 유럽 여러 나라에서는 11월부터 크리스마스 준비를 하고 11월 말이나 12월 초가 되면 본격적으로 크리스마스 분위기에 젖어든다. 특히 겨울이 춥고 긴 북유럽에서는 여름이 지나자마자 크리스마스를 어떻게 맞을까 생각하는 사람들도 적지 않다. 이들에게 크리스마스를 기다리는 것처럼 마음을 설레게 하는 일도 없는 것 같다. 그래서인지 유럽은 크고 작은 크리스마스 절기 행사가 풍성하고 크리스마스 음악회도 곳곳에서 열린다. 크리스마스 절기 중 가장 고요하고 신성한 순간은 바로 12월 24일 저녁이다. 크리스마스 전야가 되면 흩어졌던 가족들이 모두 집에 모여 조용하게 성찬을 하고, 그 다음에는 교회나 성당에서 성탄 축하예배나 자정미사를 드리기도 한다.

크리스마스를 맞이하는 나라에서 가장 많이 부르는 노래는 역시 〈고요한 밤 Stille Nacht〉이다. 우리나라에서는 〈고요한 밤 거룩한 밤〉이란 제목으로 알려져 있다. 전 세계인이 즐겨 부르는 이 노래는 190년 전 오스트리아의 잘츠부르크 근교에 있는 조그만 마을 오번도르프에서 유래했다. 이 노래는 어떻게 이곳에서 태어났을까?

독일-오스트리아의 한적한 국경마을, 오번도르프

잘츠부르크 주변을 다니는 전철을 타고 '윗마을'이란 뜻의 오번도르프로 향했다. 전철은 쾌적하고 디자인도 산뜻하다. 차창 밖으로는 부러울 정도로 깔끔하게 정돈된 평화로운 시골풍경이 펼쳐진다. 전철이 고지대를 지나는 동안 곧 역에 도착한다는 안내방송이 나온다.

오번도르프 역은 시골 간이역 같아 인적도 드물고 흔한 관광안내소도 보이지 않을뿐더러 〈고요한 밤 거룩한 밤〉이 유래된 곳이라는 표지도 보이지 않는다. 아는 사람만 알아서 오라는 곳인가?

역에 내려서 두리번거리다가 같이 내린 한 노인을 붙잡고 〈고요한 밤 거룩한 밤〉이 탄생한 곳을 찾는다고 하니 자기를 따라오라고 한다. 약 300미터 쯤 걸으니 철교가 보이고 탁 트인 강이 펼쳐진다. 노인은 철교 앞에서 멈추더니 멀리 잘짜흐 Salzach 강의 흐름이 굽어 휘어지는 지점에 보이는 탑을 손으로 가리키면서 그쪽으로 가라고 한다. 자기는 독일 사람인데 강 건너편에 있는 독일 마을 라우펜 Laufen 으로 간단다. 그러니까 이곳은 독일-오스트리아 국경 마을이지만 철교의 길이는 50미터도 안 될 것 같다. 철교에서 목적지까지 강둑을 따라 걷는데 잘짜흐 강을 두고 왼쪽 독일 마을 라우펜과 오른쪽 오스트리아 마을 오번도르프의

잘짜흐 강변의 오번도르프에서 본 강 건너편 독일 마을 라우펜

모습이 한눈에 들어온다. 인적은 드물었다.

500미터쯤 걸었을 때 '성지'를 찾아온 사람들의 모습이 더러 보이기 시작했다. 바로 이곳이 슈틸레 나흐트 플라츠 Stille Nacht Platz, 즉 '고요한 밤 광장'이다. '고요한 밤 박물관'을 비롯해서 이 노래와 관련된 기념품 가게들이 이곳을 찾는 '순례자'들을 맞이하고 있다.

이 광장의 구심점은 약간 지대가 높은 곳에 세워진 아담한 팔각형의 흰 성당이다. 성당 앞에는 돌무더기가 몇 개 있고 안내판에는 '이 자리에 있던 성 니콜라우스 성당의 유적'이라고 적

오번도르프 설경

혀 있다. 이 성당은 1899년 잘짜흐 강이 범람하는 바람에 지반이 내려앉아 기초가 불안정해졌기 때문에 모두 철거되었다고 한다. 그 후 〈고요한 밤 거룩한 밤〉 탄생 100주년을 맞아 오스트리아 정부는 이곳에 기념성당을 세우기로 계획했는데 1차 대전 중이었기 때문에 실행되지 못하다가 전쟁이 끝난 후 1924년에야 이 소박한 성당이 세워졌다.

  이 성당은 열댓 명 앉으면 꽉 찰 정도로 규모가 작다. 제단에는 예수의 탄생을 묘사한 그림이 보이고 벽에는 〈고요한 밤 거룩한 밤〉 악보의 사본이 촛불에 밝혀져 있다. 사람 키보다 높은

고요한 밤 기념경당 앞에서 본 '고요한 밤 광장'

기타를 들고 있는 〈고요한 밤 거룩한 밤〉의 작곡자 그루버와 펜을 쥔 작사자 모어 신부. 아래에는 이 노래가 탄생한 성 니콜라우스 성당이 그려져 있다.

곳 양쪽에 뚫려 있는 길쭉한 창문에는 두 사람의 초상이 보인다. 요제프 모어 Joseph Mohr 와 프란츠 그루버 Franz Gruber 라고 표기되어 있다. 이 두 사람이 바로 〈고요한 밤 거룩한 밤〉을 만든 장본인이다. 기타를 연주하는 프란츠 그루버의 초상 아래에는 이곳에 있던 성 니콜라우스 성당의 원래 모습이 그려져 있다.

〈고요한 밤 거룩한 밤〉의 탄생

1818년 12월 24일의 일이다. 성 니콜라우스 성당에 부임한 지 3

년이 된 보좌신부 요제프 모어1792-1848는 크리스마스이브 자정미사를 몇 시간 앞두고 어떤 음악을 준비해야 할지 고민이었다.

얼마 전 잘짜흐 강이 범람하여 홍수가 났을 때 오르간이 그만 물에 잠겨 고장이 났기 때문이다. 고민하던 그는 이웃 마을 아른스도르프에 사는 친구 프란츠 그루버1787-1863가 생각났다. 학교 선생이던 그루버는 아른스도르프 성당의 성가대 지휘자와 오르간 주자로 봉직하면서 니콜라우스 성당 오르간 주자의 대타로도 가끔 연주해주곤 했다. 모어 신부는 그루버라면 틀림없이 단시간에 자정미사용 캐롤을 작곡할 수 있을 거라고 확신하고 그를 찾아갔다. 그는 2년 전에 써 놓은 자기의 시를 보여 주면서 곡을 좀 붙여 달라고 요청했다. 그루버는 곧 곡을 완성해서 기타 반주를 붙였다.

드디어 자정 미사가 시작되었다. 모어 신부와 그루버는 성가대와 함께 섰다. 모어 신부는 테너를, 그루버는 베이스 파트를 맡았다. 기타 반주로 고요히 흘러나온 이 노래는 마치 하늘에서 내리는 축복처럼, 성당 안을 가득 채운 신도들의 영혼을 고요하고 거룩하게 인도하는 듯했다. 이것이 바로 〈고요한 밤 거룩한 밤〉이 역사상 처음으로 불리던 감동의 탄생 순간이었다.

그 후 이 노래는 마을 사람들의 입에서 입으로 불렸다. 이 노래가 널리 외부로 알려지기 시작한 것은 몇 년 후의 일이었다. 어느 날 마우라허라는 티롤 지방의 오르간 제작자가 성 니콜라우스 성당에 새로운 오르간을 설치하러 왔다가 이 노래를 듣고 반해서 악보를 얻어 고향으로 돌아갔다. 이리하여 이 노래는 티롤지방에 전해졌고 티롤 민속노래를 전문으로 부르던 슈트라서 Strasser 가家와 라이너 Rainer 가는 이 노래를 정식 레퍼토리에 넣어 해외 순회공연을 했다. 슈트라서 가는 독일 순회공연을 통해 독일어권과 러시아에, 라이너 가는 대서양 건너 미국에 이 노래를 전파했던 것이다. 이리하여 이 노래는 1840년에는 북부 독일에 널리 알려졌다. 또 베를린 왕립합창단이 이 곡을 매년 크리스마스이브 때 연주함으로써 더욱 유명해졌지만 당시 사람들은 이 노래의 작곡자가 누구인지는 전혀 모르고 있었다.

그루버는 1863년 세상을 떠나기 전에 이 곡의 작곡자가 자신임을 밝히는 편지를 베를린 왕립합창단으로 보냈다. 불행히도 그것만으로는 그가 작곡가라는 것을 입증하기에는 불충분했다.

그러다가 20세기에 들어선 어느 날 우연히 결정적인 단서가 나왔다. 1820년대로 추정되는 어느 〈고요한 밤 거룩한 밤〉 악보의 오른쪽 상단에 '작곡가 프란츠 그루버의 선율'이라고 쓰인 글씨가 작사자 모어의 필체로 판명되었고 그제야 비로소 작곡자가 그루버라는 사실이 알려지게 되었던 것이다.

고요한 밤 경당의 불빛이 비치는 기념품 가게의 쇼윈도

크리스마스 불빛이 켜진 고요한 밤 기념경당

오스트리아의 국보

자본주의의 종주국 미국에서는 〈고요한 밤 거룩한 밤〉이 10월 중순만 되어도 쇼핑몰에서 울려 퍼지기 시작한다. 우리나라에서도 이에 못지않게 크리스마스 훨씬 이전부터 경쾌한 캐롤과 함께 길거리에서 흘러나온다. 그런데 이런 광경은 이 노래의 본고장이자 이 노래를 거의 국보처럼 여기는 오스트리아에서는 찾아볼 수 없다. 오스트리아에서는 이 노래를 상업적 목적으로 사용하는 일이 없을 뿐 아니라 크리스마스 전야 이전에는 라디오나 텔레비전에서도 전혀 방송하지 않기 때문이다. 본고장에서 〈고요한 밤 거룩한 밤〉은 단순한 크리스마스 캐롤이 아닌 그야말로 거룩하고 신성한 노래인 것이다.

    작곡자 그루버와 작사자 모어는 〈고요한 밤 거룩한 밤〉의 유명세를 누려보지 못하고 세상을 떠났다. 하지만 그들이 남긴 이 소박한 노래는 국경과 시대를 초월하여 사람들의 마음을 고요하고 거룩하고 따스하게 하는 불멸의 크리스마스 선물이 되었다. §

KI신서 3265
유럽에서 클래식을 만나다

1판 1쇄 발행 2011년 3월 31일
1판 7쇄 발행 2017년 11월 13일

지은이 정태남
펴낸이 김영곤 **펴낸곳** (주)북이십일 21세기북스
출판사업본부장 신승철
출판마케팅팀 김홍선 최성환 배상현 신혜진 김선영 나은경
출판영업팀 이경희 이은혜 권오권
제작팀 이영민 **홍보팀** 이혜연 최수아 김미임 박혜림 문소라 전효은 백세희 김세영
출판등록 2000년 5월 6일 제406-2003-061호
주소 (우 10881) 경기도 파주시 회동길 201(문발동)
대표전화 031-955-2100 **팩스** 031-955-2151 **이메일** book21@book21.co.kr

(주)북이십일 경계를 허무는 콘텐츠 리더

21세기북스 채널에서 도서 정보와 다양한 영상자료, 이벤트를 만나세요!
장강명, 요조가 진행하는 팟캐스트 말랑한 책수다 '책, 이게 뭐라고'
페이스북 facebook.com/21cbooks   블로그 b.book21.com
인스타그램 instagram.com/21cbooks   홈페이지 www.book21.com

ISBN 978-89-509-3021-9 13810
책값은 뒤표지에 있습니다.

이 책 내용의 일부 또는 전부를 재사용하려면 반드시 (주)북이십일의 동의를 얻어야 합니다.
잘못 만들어진 책은 구입하신 서점에서 교환해 드립니다.